"Brancosos"
e Interconstitucionalidade

Itinerários dos discursos
sobre a historicidade constitucional

JOSÉ JOAQUIM GOMES CANOTILHO

"Brancosos" e Interconstitucionalidade

Itinerários dos discursos sobre a historicidade constitucional

2.ª Edição
2.ª Reimpressão

ALMEDINA

"BRANCOSOS" E INTERCONSTITUCIONALIDADE

ITINERÁRIOS DOS DISCURSOS SOBRE A HISTORICIDADE CONSTITUCIONAL

AUTOR
JOSÉ JOAQUIM GOMES CANOTILHO

1.ª edição: Março, 2006

EDITOR
EDIÇÕES ALMEDINA. SA
Rua Fernandes Tomás, n.os 76-80
3000-167 Coimbra
Tel.: 239 851 904
Fax: 239 851 901
www.almedina.net
editora@almedina.net

PRÉ-IMPRESSÃO
G.C. GRÁFICA DE COIMBRA, LDA.
producao@graficadecoimbra.pt

IMPRESSÃO | ACABAMENTO
PAPELMUNDE

Julho, 2017

DEPÓSITO LEGAL
274671/08

Os dados e as opiniões inseridos na presente publicação são da exclusiva responsabilidade do(s) seu(s) autor(es).

Toda a reprodução desta obra, por fotocópia ou outro qualquer processo, sem prévia autorização escrita do Editor, é ilícita e passível de procedimento judicial contra o infractor.

Biblioteca Nacional de Portugal – Catalogação na Publicação

CANOTILHO, J. J. Gomes, 1914-

"Brancosos" e interconstitucionalidade : itinenários dos discursos sobre a historicidade constitucional. – 2ª ed. Reimpressão
ISBN 978-972-40-3485-0

CDU 342

À memória do Professor Konrad Hesse, que, até ao último suspiro científico, esteve sempre atento à "Constituição aberta ao tempo".

À boa nova do primeiro neto, esperando que o Pedrito não possa conter as gargalhadas perante a ingenuidade dos "brancosos".

NOTA PRÉVIA

O título deste livro é, provavelmente, intrigante e sibilino. Convém, por isso, descodificar, em breves palavras, o seu sentido. Como o leitor poderá verificar, o título recupera a epígrafe de dois trabalhos inseridos na última parte deste itinerário. Um, intitulado *"Em defesa do partido dos 'brancosos'"*, tenta captar momentos "futuríveis" do constitucionalismo electrónico. O outro – *"Interconstitucionalidade e interculturalidade"* –, pretende compreender a rede do *multilevel constitutionalism*.

O subtítulo – *Itinerários dos discursos sobre a historicidade* – indicia também que se trata de um trabalho de peregrinação em torno da ideia constitucional e do paradigma do constitucionalismo. De certo modo, em algumas das nossas incursões na teoria da constituição havíamos já detectado a profunda mudança dos paradigmas do constitucionalismo de finais do século XX e no dos começos do novo milénio. Nos textos preparados para colóquios, conferências, livros de homenagem, fomos coligindo observações fragmentárias sobre a historicidade constitucional. Em alguns casos, tratava-se apenas de intuições desprovidas de um esquema retórico e discursivo mais elaborado. Noutros casos, procurávamos uma suspensão reflexiva mais demorada em torno de teses por nós anteriormente defendidas, passíveis no entanto de revisão crítica. Por último, os desafios da Constituição Europeia e do constitucionalismo global obrigaram-nos a uma revisão profunda dos temas nucleares da teoria da Constituição.

O cruzamento das assimetrias discursivas justifica que tentemos fornecer aos leitores uma rota de compreensão. Antes de cada conjunto de textos, escritos e lidos em ocasiões diversas, resumiremos a questão central. O resumo servirá de enquadramento teórico e, simultaneamente, de mapa cartográfico dos *core problems*. A pouco e pouco, o discurso dirigir-se-á para os problemas actuais da historicidade constitucional. Referimo-nos, concretamente, ao problema da interconstitucionalidade europeia e ao problema do constitucionalismo global. Os fragmentos oferecidos à publicidade crítica permitir-nos-ão tomar partido nas controvérsias mais estimulantes dos últimos tempos sobre a indispensabilidade de revisão do paradigma constitucional.

Se algum leitor chegar ao fim desta viagem teorética, será talvez levado a dizer que um autor escreve sempre a mesma obra. Os temas cruzam-se e repetem-se. Gravitam em torno de nós próprios. Porém, de uma coisa estamos seguros: na urdidura da *virtù* e da *fortuna* da cidade, há sempre "momentos maquiavélicos". A linha que atravessa estes escritos pretende sugerir que o espaço-tempo da historicidade constitucional é, em certo sentido, curvo. Afinal, como o próprio espaço-tempo!

Uma nota final de agradecimentos. Este livro teria ficado reduzido a trabalhos isolados e fragmentários se não tivéssemos beneficiado das sugestões estimulantes de um novo amigo e parceiro de diálogo: o nosso colega da Faculdade de Letras, Doutor Rui Cunha Martins. O fio da historicidade foi por ele descoberto, durante as longas conversas que travámos no Paço das Escolas da Universidade de Coimbra.

Esta segunda edição constituiu, por sua vez, uma oportunidade para a revisão global do texto nos aspectos linguísticos, gramaticais e estilísticos. Para isso pudemos contar com a valiosíssima colaboração e excepcional competência do Dr. Isaías Hipólito.

Coimbra, Julho de 2008.

ÍNDICE

Introdução – A historicidade como "topos" categorial da teoria da constituição e do constitucionalismo 21

Parte Primeira – O dirigismo constitucional e a sua crise 29
Secção I – Sentido do tema e do problema 31
Secção II – Textos 39
   Texto 1 – Teoria da Constituição de 1976: desenvolvimento ou revisionismo constitucional? 39
   Texto 2 – Rever ou romper com a Constituição Dirigente? Defesa de um constitucionalismo moralmente reflexivo 101
   Texto 3 – Estado pós-moderno e Constituição sem sujeito 131
   Texto 4 – A teoria da Constituição e as insinuações do hegelianismo democrático 163
   Texto 5 – O Direito constitucional na encruzilhada do milénio. De uma disciplina dirigente a uma disciplina dirigida 183

Parte Segunda – A emergência do Constitucionalismo Europeu 199
Secção I – Sentido do tema e do problema
Secção II – Textos 201
   Texto 1 – Da Constituição Dirigente ao Direito Comunitário Dirigente 205
   Texto 2 – Precisará a Teoria da Constituição Europeia de uma Teoria do Estado? 227
   Texto 3 – A Constituição Europeia entre o programa e a norma 245

Parte Terceira – As tendências do constitucionalismo global 259
Secção I – Sentido do tema e do problema   261
Secção II – Textos 263
   Texto 1 – Interconstitucionalidade e interculturalidade 263
   Texto 2 – Constitucionalismo político e constitucionalismo societal no mundo globalizado 281
   Texto 3 – Pode o referendo aprofundar a democracia? 301
   Texto 4 – Constitucionalismo e geologia da *good governance* 325
   Texto 5 – Em defesa do partido dos "brancosos": *Republica.com* e os desafios do constitucionalismo electrónico   335

Origem dos Textos

PARTE I

O dirigismo constitucional e a sua crise

Texto número um

Origem do texto: argumento de arguente nas provas académicas de doutoramento de Francisco Lucas Pires. Publicado no *Boletim da Faculdade de Direito*, de Coimbra, n.º LXV (1989), e em separata.

Texto número dois

Origem do texto: começou por ser o texto de uma conferência pronunciada no Instituto Pimenta Bueno de São Paulo, em 22 de Setembro de 1994. Foi inicialmente publicado, numa tradução de Francisco Caamaño, na *Revista Española de Derecho Constitucional*, Ano 19, Enero-Abril, n.º 43, 1985, p. 923, e, posteriormente, na *Revista dos Tribunais*, São Paulo, Ano 4, n.º 15, Abril-Junho de 1996, p. 7-18. Com algumas alterações, foi inserido, à guisa de prefácio, na 2.ª edição da nossa obra, *Constituição Dirigente e Vinculação do Legislador*, Coimbra, 2000.

Texto número três

Origem do texto: elaborado para uma intervenção no IV Simpósio de Direito Constitucional realizado em Curitiba, em 2003. Posteriormente, foi publicado na *Revista da Academia Brasileira de Direito Constitucional*, Ano 2003, Vol. 3, p. 453-475, com o título "Estado Adjectivado e Teoria da Constituição". Com algumas alterações, o texto foi inserido na obra colectiva organizada e editada por Francisco Fernández Segado, *The Spanish Constitution in the European Constitutional Context*, Madrid, 2003, com o título "Novos Questionamentos da Teoria da Constituição", p. 139-152.

Texto número quatro

Origem do texto: artigo elaborado para *O homem e o tempo:* Liber Amicorum *para Miguel Baptista Pereira*, Porto, 1999, p. 413-423.

Texto número cinco

Origem do texto: artigo inserido no Livro de Homenagem a Manuel Garcia-Pelayo, *Constitución y Constitucionalismo Hoy, Cinquentenário del* Derecho Constitucional Comparado *de Manuel Garcia-Pelayo*, Caracas, 2000, p. 215-227.

PARTE II

A emergência do constitucionalismo europeu

Texto número um

Origem do texto: artigo elaborado para o *Livro de Homenagem a Francisco Lucas Pires*, organizado pela UAL – Universidade Autónoma de Lisboa, em 1999, pouco tempo após a morte deste nosso Colega.

Texto número dois

Origem do texto: trabalho preparado para o Colóquio Ibérico: *Constituição Europeia, Homenagem ao Doutor Francisco Lucas Pires*, organizado em 16-18 de Março de 2005. Os trabalhos enviados pelos autores foram reunidos em livro inserido na Colecção *Studia Iuridica*, n.º 84, do *Boletim da Faculdade de Direito*, Coimbra, 2005, p. 665-674. Deve registar-se que algumas ideias deste trabalho já tinham sido expostas noutros colóquios (tópicos para um colóquio sobre "Cidadanias", organizado pela Fundação Bissaya Barreto, 28 de Novembro de 2003, e para uma intervenção no "Curso de História Contemporânea", organizado pelo Doutor Mário Soares).

Texto número três

Origem do texto: trabalho preparado para uma "pronúncia" no Congresso Ibero-Americano de Direito Constitucional, realizado em Sevilha, de 3 a 5 de Dezembro de 2003.

PARTE III
As tendências do constitucionalismo global

Texto número um

Origem do texto: trata-se de um trabalho elaborado para o *Livro de Homenagem a Peter Häberle*. Foi publicado em língua alemã no livro *Verfassung im Diskurs der Welt*. Liber Amicorum *für Peter Häberle zum siebzigsten Geburtstag*, organizado por Alexander Blankenagel, Ingolf Pernice e Helmuth Schulz--Fielitz, Mohr Siebeck, Tübingen, 2004, p. 84-91.

Texto número dois

Origem do texto: tópicos apresentados na aula de Conclusão do Seminário de Verão, promovido pelo

Centro de Estudos Europeus, da Faculdade de Direito de Coimbra, em 14 de Julho de 2005.

Texto número três

Origem do texto: é uma parte do trabalho apresentado no II Congresso Paraenense de Direito Constitucional e Cidadania, efectuado em Londrina, de 25 a 28 de Abril de 2005.

Texto número quatro

Origem do texto: a versão inicial constitui o argumento de diálogo no V Curso Livre de História Contemporânea – Crise e Reforma da Democracia, de 11 a 16 de Novembro de 2002, organizado pelo Doutor Mário Soares na Faculdade de Ciências Sociais e Humanas da Universidade Nova de Lisboa. Embora não verse *ex professo* sobre os problemas da teoria da Constituição, resolvemos inseri-lo aqui porque nele se começa a falar de "voto branco" e de "eleitores brancos". Anuncia, assim, o último texto sobre o constitucionalismo do *Ciber-Netizen-Cyborgs*.

Texto número cinco

Origem do texto: trata-se de um trabalho que foi lido no 14.º Congresso de Telecomunicações, em 9 de Novembro de 2004, dedicado aos nossos parceiros de diálogo, Dr. António Barreto e Dr. António Lobo Xavier, e ao responsável do Colóquio, Dr. Artur Santos Silva.

INTRODUÇÃO

A historicidade como "topos" categorial da teoria da constituição e do constitucionalismo

De uma forma historicamente mutável, a Constituição de uma comunidade organizada assentou sempre em três pilares: poder, dinheiro e entendimento[1]. No modelo liberal e no modelo republicano de constitucionalismo, a articulação destes pilares pressupunha (e pressupõe ainda hoje) uma compreensão diversa do estado burocrático, da economia capitalista e da sociedade civil. Há, em cada um deles, a preocupação fundamental de explicitar, jurídica e politicamente, as relações entre a organização política (Estado) e o cidadão. O esquema referencial explícito, e normativizado nos textos cons-

---

[1] Cfr. o magistral traçado histórico destes pilares em J. Pocock, *The Machiavellian Moment. Florentine Political Thought and the Atlantic Republican Tradition*, Princeton University Press, 1975. Veja-se o importante prefácio de Eloy Garcia, na tradução espanhola desta obra: *El Momento Maquiavélico. El Pensamiento político florentino y la tradición republicana Atlántica*, Madrid, Tecnos, 2002.

titucionais – poder político e direitos dos cidadãos –, transportava sempre, implicitamente, um modelo de "ordem jurídica global" que englobava o Estado e a "sociedade civil", bem no sentido hegeliano e marxista. Jürgen Habermas relembrou, recentemente[2], que esta "ordem jurídica global" incorpora o Estado administrativo, a economia capitalista e a sociedade civil. Iremos ver que, mesmo na era da globalização, o problema de constitucionalizar uma ordem política e económica através do direito continua a residir na assimetria entre a "responsabilidade" imposta ao Estado de direito democrático no plano político, social e económico, e as suas reais capacidades de actuação, agora num contexto global crescentemente compressor da modelação jurídico-política estatal em matéria de segurança, de liberdade e do próprio direito.

Porquê, então, falar de historicidade da Constituição? Porquê fazer apelo a um conceito que é, ele próprio, a negação (pelo menos em alguma das suas versões filosóficas) da eterna dialética entre continuidade e descontinuidade constitucional? Expliquemo-nos. Quem quer que se aventure a descobrir as raízes filosóficas da "historicidade" verificará que,

---

[2] Jürgen Habermas, "Eine politische Verfassung für die pluralistische Weltgesellschaft?", in *Zwischen Naturalismus und Religion. Philosophische Aufsätze*, Frankfurt/M, 2005, p. 340.

de uma forma nem sempre clara, a historicidade do direito – de todo o direito, incluindo o direito constitucional – nos remete sempre para essências ontológicas ou para um "*a priori* fenomenológico". Várias são as propostas sugeridas para nos convencer da diferença entre "tempo ontológico-existencial" e "tempo dos relógios", entre história empírica do direito ("tempo ôntico") e verdadeira historicidade existencial ("tempo ontológico"). Quer se recorra à historicidade institucional do direito natural (Maihofer), quer à historicidade transcendental (Kaufmann), quer ainda à fenomenologia ontológica (Husserl), a preocupação é sempre a de distinguir entre a "essência do direito" intemporal e as suas precipitações ou positivações concretas. Pondo de parte os aprofundamentos filosóficos, que não estamos em condições de fazer, talvez seja possível tornar inteligíveis ao leitor os nossos pontos de partida – em primeiro lugar, para dizer que os itinerários dos nossos discursos em sede constitucional não repousam em "essências" ou "*a priori* ontológicos". Mesmo quando se realçam dimensões fundantes do Estado (ex.: dignidade da pessoa humana, direitos fundamentais, liberdade, igualdade, justiça) que informam a história das comunidades constitucionais, estamos longe da historicidade, entendida no sentido ontológico-existencial heideggeriano, como determinação fundamental do "aí-ser" ("aí-o-

-ser") humano (*Dasein*)[3]. Isto significaria a elevação da subjectividade (ontológico-existencial) a conceito central da história e, no caso concreto, da história do constitucionalismo. Esta "história ontológica" remete os condicionalismos e momentos históricos, políticos, económicos, sociais e culturais, para a enigmática categoria de "autocondições" (*Selbstbedingungen*). Não vemos como a "redução ôntica" dos pilares de uma constituição possa ser suficiente para captar "o espírito das leis" ou o "espírito objectivo" que habita nas constelações políticas contemporâneas. Aliás, o apego a "cristalizações historicistas" é, aliás, hoje, uma das causas perturbadoras do entendimento do "novo direito constitucional". Alguns autores (ex.: Isensee, Kirchhof) pretendem recuperar o hegelianismo em versão ontológica da historicidade "estatal" para fazer do "Estado" a "essência" ou "*a priori*" de qualquer organização política. O seu propósito é o de erguer o dado "estatalidade" a "*a priori* constitutivo", neutralizador dos devaneios de constitucionalismos supranacionais e globais. Outros vêem no "Estado soberano" (de derivação hegeliano-marxista) o último reduto da defesa republicana da solidariedade social contra a desintegração social do "capitalismo global". Não basta,

---

[3] Cfr. a crítica de W. Schulz, *Philosophie in der veränderten Welt*, Pfüllingen, 1980, p. 523 ss.

a nosso ver, estar contra os ventos. É preciso navegar entre o *Estado de direito* e a *República constitucional comercial*, e compreender como a "fortuna" e a "virtude" se agitam no contexto das novas sociedades[4] em rede.

Os nossos itinerários rejeitam também a historicidade, se ela for entendida como *modo* de perguntar pelo sentido da "história" na teoria da Constituição. Com efeito, a historicidade não terá relevância "compreensiva" se quiser transmutar-se, de forma arrogante, em filosofia da história constitucional valorativamente "compreensiva" (e "explicativa") do sentido último e absoluto da constituição e do constitucionalismo.

O título do nosso livro pretende objectivos bem mais modestos. Vejamos quais.

Em primeiro lugar, é de justiça realçar que várias teorias do Estado e da Constituição têm vindo a incluir, de várias formas, a dimensão "tempo" nos próprios esquemas discursivos. Recordem-se, a título de exemplo, as formulações de Otto Mayer e de Gerhard Husserl sistematicamente repetidas. O primeiro, ao referir-se às relações entre o direito cons-

---

[4] Neste sentido, estamos mais perto dos autores que repudiam a "continuidade histórica" a partir de um sujeito auto-reflexivo. Cfr. Michel Foucault, *Les Mots et les Choses*, Paris, 1966, p. 300. Cfr. também Manuel Castells, *O Poder da Identidade*, Lisboa, 2003, p. 295 e ss.

titucional e o direito administrativo, acentuava o carácter passageiro de um e a dimensão permanente de outro ("o direito constitucional passa e o direito administrativo fica"). O segundo, num trabalho sugestivamente intitulado *Direito e Tempo* (*Recht und Zeit*, 1955), identificava o legislador como "homem do futuro", o agente da administração como "homem do presente" e o juiz como "homem do passado". Estas fórmulas deverão sujeitar-se, hoje, a inadiáveis revisões críticas. Como quer que seja, dir-se-ia que, numa teoria da Constituição temporalmente adequada, várias "instâncias de temporalidade" deverão ser convocadas. Em primeiro lugar, qualquer constituição é o "presente do passado", pois não deixa de ser "memória na história" mesmo quando propõe rupturas (revolucionárias ou não) com o passado. Em segundo lugar, é o "presente do presente", pois ela dedica sempre uma indispensável *atentio* à conformação da ordem jurídica actual. Pretende ser – nalguns casos, como veremos, de forma utópico-programática –, o "presente do futuro" ao proclamar tarefas e fins para o futuro, mas, sobretudo, ao antecipar expectativas de se converter em lei para as gerações futuras. Neste sentido, a teoria da Constituição tanto localiza lugares filosóficos de esperança ("horizonte de esperança") como insiste nos lugares de experiência ("espaço de experiência"), para nos exprimirmos com palavras que pedimos emprestadas a Kosellek. Na última parte deste livro – precisamente a que inclui o tema dos "brancosos" e da "interconstitucionalidade" – teremos oportunidade de ver que o modo e a forma de compreensão das questões concretas sobre o Estado e a Constituição apontam para a centralidade do momento das experiências. Vários processos referentes à mudança de funções da estatalidade moderna – a internacionalização/globalização e a europeização – obrigam a um repensamento da "constituição aberta ao tempo"[5].

Estas considerações não põem em causa o *princípio da continuidade* como postulado político[6] relativamente a valores e a princípios constitutivos do "conceito ocidental de constituição" e do constitucionalismo moderno. As aquisições da comunidade internacional no plano do *jus cogens*, no domínio dos direitos humanos, na densificação da juridicidade e da democraticidade, radicar-se-ão como *acquis* constitucionais ou como *standards* vinculativos de acções e comportamentos perante quaisquer retrocessos civilizacionais. O problema central do

---

[5] Cfr. os trabalhos de Peter Häberle, *Verfassung als öffentlicher Prozess*, 3.ª ed., Berlin, 1998, e de Thomas Würtenberger, *Zeitgeist und Recht*, 2.ª ed., Tübingen, 1991.

[6] *Vide* o recente trabalho de Anna Leisner, *Kontinuität als Verfassungsprinzip*, Tübingen, 2002, p. 99 ss.

constitucionalismo moderno é, porém, o de se poder transformar numa aporia científica e numa ilusão político-constitucional, pelo facto de assentarem – e viverem de – pressupostos estatais que o Estado não pode garantir[7]. Em palavras luhmannianas: as constituições dos Estados deixarão de desempenhar a sua função quando não conseguirem estabilizar as expectativas normativas[8].

---

[7] É a conhecida fórmula de E.-W. Böckenförde, *Staat, Gesellschaft, Freiheit*, Frankfurt/M, 1976, p. 42.
[8] Cfr. N. Luhmann, *Das Recht der Gesellschaft*, Frankfurt/M, 1993, p. 128.

PARTE PRIMEIRA

O dirigismo constitucional e a sua crise

Secção I

I

Sentido do tema e do problema

No início da década de 80 do século passado, tivemos oportunidade de apresentar uma tese académica onde se procedia a uma reflexão jurídico-constitucional sobre a chamada *Constituição dirigente*. Esta expressão – "Constituição dirigente" – revelou-se, posteriormente, um termo equívoco. Em primeiro lugar, porque a Constituição dirigente passou a ser identificada com dirigismo programático-constitucional. As críticas movidas contra este dirigismo ganharam grande virulência quando a programaticidade constitucional era reconduzida à ideia de *narratividade emancipatória*. O texto constitucional deixava de ser uma lei, para se transformar numa "bíblia de promessas" de "novas sociedades" ("transição para outra sociedade", "sociedade mais justa"). Em segundo lugar, a Constituição dirigente pressupunha uma indiscutida *autosuficiência normativa*, parecendo indicar que bastavam as suas imposições legiferantes e as suas ordens de legislar para que os seus comandos programáticos adquirissem automaticamente *força normativa*. O problema central da Constituição dirigente consistia (e consiste) em saber se, através de "programas", tarefas e directivas constitucionais, se conseguiria uma imediaticidade actuativa e concretizável das normas e princípios constitucionais de forma a acabar com os queixumes constitucionais da "constituição não cumprida" ou da "não concretização da constituição". Em terceiro lugar, a teoria da Constituição dirigente procurava fornecer arrimos jurídico-dogmáticos a uma fundamentação dos limites materiais-constitucionais vinculativos do legislador. Diversamente do que entendia a doutrina tradicional, arreigada à ideia de liberdade de conformação do legislador, a ideia de Constituição dirigente procurava extrair das normas constitucionais as determinantes positivas da actividade legislativa. No fundo, a doutrina explicava mal o enigma de um legislador desvinculado nos fins, quando, na verdade, alguns preceitos da constituição se revelavam suficientemente densos e determinantes para limitarem, em termos jurídicos, os "excessos" do poder legislativo.

Das considerações anteriores é possível deduzir que os problemas sumariamente inventariados, embora apresentem algumas imbricações lógicas e teóricas, não têm de considerar-se indissociáveis uns dos outros. Uma coisa é um texto constitucional materialmente enriquecido com normas programáticas, e outra coisa é uma constituição escatológica e utopicamente pré-concebida. De igual modo, falar da actuação concretizadora das normas programáticas não é a mesma coisa que falar da formatação dogmática de casos. Nesta última hipótese, pode falar-se de uma "discricionariedade legislativa" pautada por limites jurídico-materiais normativamente plasmados nas normas da constituição.

Como quer que seja, as análises crítico-discursivas puseram a nu alguns dos défices teóricos e dogmáticos do programatismo e do directivismo constitucionais. Justamente por isso, cabia-nos também a nós um indeclinável exercício de reflexão sobre as nossas teorias e as nossas crenças. Os trabalhos iniciais, ou seja, os trabalhos inseridos nesta Parte Primeira, têm precisamente esse objectivo.

Dedicaremos, por fim, algumas palavras à "lógica" e "coerência" dos textos. O primeiro trabalho – arguição da tese de doutoramento de Francisco Lucas Pires – procura responder à "condenação à morte", por contradição insanável, da Constituição Portuguesa de 1976. A máscara que então afivelámos era, ainda, a da defesa irrestrita do constitucionalismo dirigente. Parece-nos valer a pena reproduzir uma parte do diálogo que, então, travámos com o nosso malogrado colega. Passados estes anos, é fácil verificar que uma parte da razão estava do seu lado. Uma parte da razão, dissemos. Na verdade, o problema de "direito comunitário dirigente", ou da "constituição europeia programática", voltará a conferir centralidade à historicidade constitucional dos textos dirigentes. Embora oculta, a programaticidade do "constitucionalismo global" não deixa também de demonstrar que, hoje como ontem, os fins e as tarefas dos nossos destinos carregam sempre os intertextos, expressos ou implícitos, da politicidade constitucional.

A auto-reflexão levou-nos, a pouco e pouco, a um exercício dramático de revisão de algumas das premissas básicas da teoria da constituição dirigente. O resultado primeiro desta reflexão é o texto número dois. Este trabalho foi considerado, em muitos quadrantes doutrinais, designadamente no brasileiro, um verdadeiro "hara-kiri" científico e um toque de finados da Constituição dirigente[1].

No texto número três, teremos oportunidade de analisar, algumas críticas e de explicitar melhor algumas das razões justificativas do nosso aparente

---

[1] Veja-se sobretudo o livro organizado por Jacinto Nelson de Miranda Coutinho, *Canotilho e a Constituição Dirigente*, 2.ª ed., Renovar, Rio de Janeiro-São Paulo, 2005. A primeira edição é de 2003.

desencanto com o dirigismo normativo-constitucional. Aparente desencanto, repita-se. Continuamos a defender a Constituição como lei-quadro fundamental condensadora de premissas materialmente políticas, económicas e sociais. Insistimos num paradigma antropológico do homem como pessoa, como cidadão e como trabalhador. O Estado – esse "campo de sombras" – recorta-se ainda como "herói local" e como um esquema organizatório da estratégia política ("Estado supervisor"). Alguns amigos não deixaram de sujeitar as nossas dúvidas quanto à adequação histórica do paradigma estatal-constitucional a um severo teste de bondade política e de acerto jurídico-dogmático. Os termos centrais da dúvida metódica poderão registar-se em linguagem tendencialmente hegeliana: será ainda historicamente necessário o paradigma estatal de constituição – "tanto Estado quanta Constituição, quanta Constituição tanto Estado"? A nossa resposta é esta: a historicidade aponta para a essencialidade dos momentos de experiência, individuais e colectivos. Nuns casos, é razoável admitir que o conhecimento emancipatório do Estado auxilie a articulação do pensamento de realidade com o pensamento de possibilidade. Parece ser esta a postura dos nossos amigos críticos brasileiros. Noutros casos, talvez seja mais correcto acentuar as insuficiências das construções constitucionais introvertidas assentes no paradigma estatal-nacional[2].

A presença de Hegel é, teoreticamente, incontornável nas teorias do Estado e da Constituição. É, por assim dizer, omnipresente no chamado "constitucionalismo de direita" (Carl Schmitt, Forsthoff) e nas teorias de Estado ditas de "esquerda" (Heller). Não admira, por isso, que as sombras hegelianas – que não são meras sombras chinesas! – voltem a reflectir-se numa importante corrente do pensamento constitucional alemão da actualidade e a encontrarem refracções visíveis na sentença sobre o Tratado de Maastricht do Tribunal Constitucional Alemão. O texto número quatro procura dar a conhecer as linhas de força do "hegelianismo democrático". Ele serve também para demonstrar as dificuldades com que se debate a teoria do Estado na actualidade.

O último trabalho desta série – "O direito constitucional na encruzilhada do milénio: de uma disciplina dirigente a uma disciplina dirigida" – radicaliza o discurso crítico colocando a tónica na problematização do estatuto epistémico do próprio

---

[2] Vejam-se, precisamente, as anotações introdutórias de Konrad Hesse ao Livro de Homenagem a Peter Häberle, organizado por Martin Morlock – *Die Welt des Verfassungsstaates* –, Baden-Baden, 2001, p. 15.

direito constitucional. Quanto à ideia do constitucionalismo, não existe, a nosso ver, o "fim da história". De uma coisa, porém, estamos certos: a maior parte das nervuras dogmáticas deste direito pertence a um mundo que já não é o nosso. Procuremos, por isso, o novo mundo.

Secção II – Textos

TEORIA DA CONSTITUIÇÃO DE 1976:
DESENVOLVIMENTO OU REVISIONISMO CONSTITUCIONAL?

Sumário: I. *Considerações e observações preliminares.* 1. Currículo académico; 2. Escolha do tema; 3. A dissertação e os paradigmas científicos da Faculdade. II. *A Tese.* 1. Resumo; 2. *Kampfschrift;* 3. Economia narrativa. III. *Uma Tese científico-metodologicamente inconclusiva.* 1. Antropologia ontológica, filosofia pós-analítica, teoria científica e teoria da complexidade; *a*) Que homem? Que cultura?; *b*) Que edificação? Que filosofia? IV. *Uma Tese teoreticamente discutível.* 1. Estranha triangulação de conceitos; 2. Os dilemas do constitucionalismo; 2.1 Síntese; 2.2 Crítica; 3. Que teoria da justiça e da liberdade?; 3.1 Uma teoria da Constituição baseada numa ideia retroactiva de Estado; 3.2 Uma teoria da Constituição fundada num *arcanum* filosófico e interpretativo; 3.3 Que Constituição da liberdade? V. *Uma tese jurídico-constitucionalmente claudicante.* 1. A preparação do revisionismo; 2. Os limites da *Realanalyse;* 3. Insegurança dogmático-constitucional; 3.1 Que funcionalização? Que institucionalização?

O défice jurídico-dogmático no campo dos direitos fundamentais; 3.2 Direitos e deveres fundamentais; 3.3 Confusão de direitos, liberdades e garantias com direitos económicos, sociais e culturais; 3.4 O «núcleo essencial»; 4. Que conceito de controlo? Quem tem medo das acções constitucionais de defesa?; 5. Que Estado? Que teoria do Estado? 5.1 Estado e política; 5.2 Superioridade do poder político em relação ao poder económico; 6. A radicalização dicotómica; 6.1 Antinomias entre princípios; 6.2 Normas e tarefas; 6.3. Compromisso? ou antinomia?

I. Considerações e observações preliminares

1. Currículo académico

O Licenciado FRANCISCO LUCAS PIRES foi um brilhante aluno da Faculdade de Direito de Coimbra. Aqui se formou com altas classificações, aqui desempenhou as funções de Assistente do Grupo de Jurídico-Políticas, aqui foi aprovado com «Muito Bom» no Curso Complementar de Ciências Políticas.

Ao apresentar-se a provas de doutoramento, o candidato pretende certamente a legitimação de um título académico, observando o *due process* de uma comunidade científica – como é a da Faculdade de Direito de Coimbra – exigente, imparcial e aberta.

É possível que, na intenção do doutorando, esteja também o dever deuteronómico da recordação e da memória. *In aula ingenti memoriae* (SANTO AGOSTINHO, *Confissões*), o candidato submete-se, assim, à censura da sua própria memória.
Desejamos-lhe boa sorte. O que chegar primeiro espera pelo outro.

2. Escolha do tema

Com o tema escolhido para dissertação de doutoramento – *Teoria da Constituição de 1976. A Transição Dualista* –, procura o A. fazer uma abordagem teorético-sistemática e teorético-crítica da Constituição da República de 1976.

O *background* jurídico, cultural e político do A. parece, com efeito, adaptado a uma empresa de «confrontação e reconstrução crítica» de uma teoria da Constituição em Portugal.

Os seus escritos anteriores incidiam já sobre problemas teorético-constitucionais e jurídico-constitucionais. Desde *O problema da Constituição*, de 1970, que constituiu a sua dissertação do Curso Complementar, até ao projecto-estudo de «*Uma Constituição para Portugal*», de 1975, passando pelos significativos trabalhos «*Soberania e Autonomia* (1974)», «*O Estado pós-Corporativo* (1972)» e «*O Ultramar e a Revisão Constitucional* (1971)», LUCAS PIRES foi cimentando, de forma progressiva e criativa, a sua cultura jurídico-constitucional.

O problema que se poderá pôr é o de saber se esses trabalhos podem servir para a integração de algumas «lacunas» da presente tese do doutoramento.

O A. remete, em algumas notas (p. 27, 46/2, 48/ /4, 65/2, 71/2, 75, 79/6, 130/4, 150/7, 180/4, 151, 231), para anteriores trabalhos seus, não rejeitando nenhum deles, a não ser, salvo erro, o artigo sobre o *Ultramar e a Revisão Constitucional*.

A elaboração de uma «Teoria da Constituição positiva» ou de uma «Teoria positiva da Constituição» (os trocadilhos são do A., p. 16) surgiria mesmo, na perspectiva do doutorando, como corolário lógico da sua anterior preocupação teorética relativamente ao «problema constitucional» (p. 16).

O recurso a anteriores *lugares* e *posições* não significa a inexistência de qualquer «desenvolvimento» ou «trânsito» no pensamento jurídico e político-constitucional do A.

O que nos deve merecer a atenção não é, porém, o desenvolvimento teorético-constitucional do A. e a sua coerência interna (a não ser quando ele próprio chama à colação as suas obras anteriores), mas o trabalho de fôlego apresentado, aqui e agora, como tese de doutoramento.

3. A dissertação e os paradigmas científicos da Faculdade

A questão prévia, que se coloca sempre em trabalhos deste género na Faculdade de Direito de Coimbra, é a de saber se eles satisfazem as exigências de rigor, humildade científica, intertextualidade e intersubjectividade, indispensáveis a qualquer trabalho científico e que, por isso mesmo, há muito vêm sendo reivindicados por esta Escola como dimensões paradigmáticas das teses de doutoramento.

A dissertação – adiantaremos esta crítica geral – apresenta sérias deficiências, formais e materiais.

Em primeiro lugar, o A. (contra todas as indicações da doutrina científica) dispensou-se de inserir um *corpus* bibliográfico. As notas de roda-pé, que poderiam colmatar parcialmente esta lacuna, demonstram uma intertextualidade redutora e pouco *aggiornata*.

Acresce que a economia narrativa do A. se baseia, algumas vezes, em fontes doutrinárias captadas em sínteses jornalísticas ou em colóquios. A título de mera ilustração do que acabamos de dizer, preferíamos ver citadas as obras de POPPER ao artigo *Zur Theorie der Demokratie,* publicado em «Der Spiegel» (cfr. p. 16/1). De igual modo, ao aludir criticamente ao sistema eleitoral proporcional, talvez fosse mais aconselhável, numa dissertação de doutoramento, ler e meditar os recentes contributos de VERNON/BOGDANOR/DAVID BUTLER, *Democracy and Elections, Electoral Systems and their Political Consequences*, Cambridge, London, New York, New Rochelle, Melbourne, Sidney, 1985, ou de FULCO LANCHESTER, *Sistemi elettorali e forma di Governo*, Bologna, 1981, do que a opinião do mesmo POPPER no já referido artigo de jornal (p. 281/2).

De igual modo, e como adiante melhor se verá, seria cientificamente mais adequado ter em conta as recentes posições de LUHMANN sobre o «sistema social» e os «sistemas autopoiéticos», do que utilizar uma simples citação do A., captada em «Der Spiegel» (p. 114/2).

A falta de riqueza intertextual explicará também alguns momentos menos felizes do trabalho. Por vezes, o discurso aproxima-se do descritivismo fáctico e da crónica política, como é, sobretudo, o caso das páginas dedicadas à demonstração do dualismo direcção/execução política (p. 226).

Mais grave, num trabalho em que se pretende «teorizar a teoria», é o facto de não haver qualquer recorte conceitual ou suspensão caracterizadora relativamente a vocábulos e símbolos linguísticos agitados e usados como elementos centrais da retórica argumentativa do A. Lembramos apenas as noções de *Estado, decisão, norma, compromisso, instituição, tarefa, público, privado, abertura, geral, particular*, etc.

Na parte final da obra, mais centrada em aspectos jurídico-constitucionais, o A. chega mesmo a revelar grande insegurança dogmática na abordagem de questões como: regime dos direitos, liberdades e garantias, caracterização das garantias institucionais, definição de núcleo essencial, sentido da acção constitucional de defesa.

Por último, o A. denota falta de cuidado na revisão do texto escrito, obrigando o leitor a tarefas de concordância prática, sob pena de a retórica discursiva se apresentar incompreensivelmente contraditória. É o caso da sua tese referente às relações entre o poder económico e o poder político (pp. 306, 337, 338).

Das críticas anteriores não se retire, porém, a ilação de que, globalmente, o presente trabalho não preenche as exigências científicas das dissertações de doutoramento.

Todos os trabalhos académicos têm um certo *selo,* um indeclinável *espírito* – um irredutível *Witz,* como diria WITTGENSTEIN. Assim, algumas das deficiências apontadas já afloravam noutros trabalhos anteriores como, por exemplo, na sua tese do Curso Complementar, sobre o problema da Constituição. Não obstante isso, o júri, do qual faziam parte os nossos Mestres Afonso Queiró e Rogério Soares, não hesitou em atribuir-lhe a classificação de «Muito Bom».

Se as debilidades de investigação, anteriormente referidas, são importantes – sobretudo num trabalho de maturidade –, pois derivam de uma certa «impaciência de investigação» e de uma censurável falta de humildade científica, elas são inequivocamente compensadas por uma retórica argumentativa criadora, servida por um estilo sugestivo e por uma inteligente capacidade de redução da complexidade dos problemas. Mesmo quando o A. tece considerações sobre coisas que já foram ditas, ele encontra sempre formulações, sugestões e sínteses originais, transcritas em tom e forma salutarmente provocadores.

Terminaremos estas notas preambulares de apreciação com um voto e uma invocação. O voto é o de uma Escola que não pode nem deve deixar de encorajar um seu discípulo distinto a escrever mais e melhor. A invocação baseia-se numa ideia do próprio doutorando, colhida num outro trabalho seu: «o mais importante não é formular um pensamento irrecorrível, mas colaborar na formação de um modo de pensar» (Lucas Pires, *Soberania e Autonomia*, p. 10).

II. A Tese

1. Resumo

Vejamos, agora, a tese defendida pelo A.

Em quatro capítulos, respectivamente intitulados «Qual Teoria da Constituição?» (CAP. I), «O Tipo de desenvolvimento constitucional» (CAP. II), «A Concepção do Poder Político» (CAP. III), «A Constituição Social» (CAP. IV), LUCAS PIRES procura fazer uma «interpretação das interpretações» do sentido global da Constituição Portuguesa de 1976, de forma a responder a esta questão fundamental: será possível compreender o *texto e o contexto* da lei constitucional portuguesa emergente da Revolução de 25 de Abril de 1974, de forma integrativa e compromissória, aspirando a uma *unidade de entendimento,* ou, pelo contrário, o «quadro constitucional português» padece de uma *aporia* global, marcada por uma dualidade intrínseca e extrínseca? (p. 19).

E havendo – como pensa o A. – uma «Constituição bifronte», irredutivelmente marcada pela «duplicidade de valores constitucionais» (p. 205), como prosseguir a «dialéctica de desenvolvimento constitucional» conducente a um «desenlace final», no sentido de uma verdadeira Constituição, permanente e valorativamente unitária?

Perante a «colisão dilacerante» entre normas e princípios, texto e realidade interna e externa, programa e processo, socialismo e liberdade, rigidez e abertura, público e privado, intervenção e autonomia, eficiência e justiça, é inevitável uma «guerra de posições e legitimidades» (p. 336), um «processo de luta e exclusão progressiva» que ainda não estão decididas.

Como transitar de uma «Constituição dividida» «de e em transição» (p. 389) para uma «Constituição positivamente perfeita» (p. 11l), eis o programa teórico do A.

2. *Kampfschrift*

A apresentação, necessariamente resumida, do *leitmotiv* do discurso, indicia já que estamos perante um verdadeiro *Kampfschrift*, cujo alvo é colocar em dificuldade a força normativa da Constituição da República Portuguesa de 1976. As referências insistentes a «guerra de objectivos», «guerra de posições», «luta pela Constituição», «luta constituinte» insinuam logo o propósito «pedagogicamente» belicista do A. De resto, ele não esconde que o escrito obedece – para utilizarmos palavras suas – a «um intencional e compacto esforço de consciencialização», com o objectivo de contribuir para o «recomeço superador»

(p. 19) e para uma «revisão das revisões» (p. 13) interpretativas.

O desenvolvimento constitucional aparece, neste contexto, como dinâmica constituinte, visando operar uma decisão politicamente transcendente da normatividade constitucional, já que a Constituição que vigora está prestes a tornar-se «completamente inconstitucional» (p. 304), em «anti-constituição», em «anti-sistema».

3. Economia narrativa

Através de uma *récita* e *economia* narrativas, o A. vai levar a cabo a tarefa reconstrutiva da Constituição, cujos traços fundamentais são os seguintes.

1) O A. procura captar os paradoxos do «político» e da «política», da «letra, da realidade e espíritos Constitucionais» (p. 19), através da síntese, discursivamente operada, entre a *«empiria»* e a *«theoria»*.

2) A teoria da Constituição serve-lhe, precisamente, para articular, de forma subtil, dois planos de análise: o plano típico de uma *ciência normativo-constitucional* e o plano de uma *ciência da realidade orientada político-sociologicamente*.

3) O discurso do A. é, assim, um *discurso estratégico:* alia uma *teoria realista da sociedade* e uma *teoria normativa do Estado.* Tal como anteriormente, em sede da Teoria da Constituição, já o tinham feito, entre outros, C. Schmitt e Forsthoff, L. P. desenvolve uma *Realanalyse,* uma *seinsgemässe* argumentação, partindo de uma *ordem estadual* apriorística e ontológica.

4) Esta estratégia teórica permite, nas próprias palavras do A., ser «cúmplice da superação da crise social e constitucional», pois, elevando a sua récita a *instância epistémica,* retira daí a possibilidade de oferecer uma teoria mais sistemática e crítica do processo constitucional.

5) Com base num discurso sociológica e existencialmente centrado, o A. tenta colocar em dificuldade a força normativa da Constituição vigente. As suas formas plásticas caracterizadoras da Constituição material devem ser aqui lembradas:
  – «... a realidade não faz eternamente figura de terceiro quando a Constituição tem mínimos mecanismos de integração» (p. 176);
  – «... as forças constitucionais preponderantes ... são os pilares da actividade de formação e transformação constitucional do ordenamento» (p. 179).

6) Aliada a uma *Realanalyse* surge-nos, como já se disse, uma concepção de *Estado* que o A. não caracteriza, mas que, pelas insinuações parcelares feitas, se reconduz, paradoxalmente, a um *Estado retroactivo* e a um *Estado futuro*.
O *Estado retroactivo* é, afinal, o Estado hegeliano, com as características de neutralidade, de supremacia e permanência assinaladas pela doutrina clássica (p. 211).
O *Estado futuro* será, na prognose do A., o «Estado Federativo», inserido na «Federalização Europeia» (p. 221, nota 1).
7) O pensamento do A. move-se em torno de *categorias dicotómicas* – rigidez/abertura, democracia/socialismo, direcção/execução, público/ /privado, geral/particular, intervenção/autonomia, igualdade/liberdade.
8) Esta visão antinómica permite-lhe uma *dialéctica de radicalização ideológica* que, em último termo, aponta para um pensamento decisionístico.
9) A «ânsia enternecedora de decisão» é patente em numerosos passos da retórica argumentativa:
   – «Digamos que falta ainda uma decisão, implicando, pois, confrontamento ou desenvolvimento qualitativo da Constituição através de novas sínteses» (p. 123);

- «a reestruturação da hierarquia social e económica exigiriam um decisionismo mais rápido» (p. 253);
- «através da luta de princípios e posições fundamentais revela-se a própria possibilidade de duas constituições numa só, de duas decisões políticas fundamentais, coabitando numa indecisão» (p. 205).

10) A economia narrativa do A. tende para *formulações algorítmicas da política*. Com efeito, L. P. recorre, com alguma frequência, àquilo que YVES BAREL designou por *algoritmos da política*, ou seja, códigos estruturantes das leis da política ou das políticas em termos de equações fundamentais. Vejamos alguns exemplos:
   - «... o programatismo é inversamente proporcional ao desenvolvimento histórico de uma sociedade»;
   - «A vitalidade do processo de mudança política parece mesmo proporcionalmente inverso da paralisia política do regime que rompeu» (p. 130);
   - «A velocidade de progressão no futuro há-de ser, por outro lado, pelo menos proporcional ao de saltos tão importantes como o da descoberta do espaço e conquista a ela associadas» (p. 149, nota 2);

– «é preciso controlar a informação e, tanto mais, quanto maior for o seu rasto de acção e capacidade comunicativa» (p. 312),
– «quanto mais se paga impostos, mais o cidadão delega o seu poder de decisão num número sem cessar acrescido de actividades» (p. 331).

É claro que estes algoritmos não são facilmente demonstráveis, mas constituem operadores intelectuais que possibilitam ao A. reduzir a opacidade dos problemas e lançar *ideologemas* no campo da luta constitucional.

Esta economia narrativa estrutura uma récita, por vezes brilhantemente defendida, mas que, quanto a nós, conduz a resultados refutáveis:

– assenta numa teoria da Constituição constitucionalmente não adequada;
– tem como suporte uma tese científico-metodologicamente inconclusiva;
– propõe uma teoria da Constituição teoreticamente discutível;
– termina com soluções jurídico-constitucionalmente claudicantes.

III. **Uma Tese científico-metodologicamente inconclusiva**

1. **Antropologia ontológica, filosofia pós--analítica, teoria científica e teoria da complexidade**

Acompanhemos agora o A. no desenvolvimento da sua tese, começando, tal como ele nos propõe, pelo *uso* da Ciência em geral e da Ciência Jurídica em particular.

O A. interroga-se: «E como é que se vai levar a cabo uma Teoria da Constituição portuguesa?» Para responder a esta pergunta tece, sucessivamente, considerações sobre o «uso da Ciência, em geral» (pp. 21 e ss.) e da «Ciência Jurídica, em especial» (pp. 32 e ss.).

Da leitura das páginas consagradas aos problemas do método e da ciência não se extraem quaisquer conclusões seguras quanto à orientação metodológica do A.

Isso deve-se, em primeiro lugar, ao facto de estes capítulos da dissertação constituirem uma amálgama filosófico-científica, onde cabem a antropologia ontológica de A. Gehlen, a filosofia pós-analítica de R. Rorty, a teoria científica de Popper e a teoria da complexidade de E. Morin.

a) Que homem? Que cultura?

A base antropológica, não obstante a insistência no homem como «ser cultural» (p. 104) e na «precedência fundamentadora do homem» (p. 115), permanece cheia de obscuridades. Pelas referências bibliográficas é talvez de intuir que LUCAS PIRES se queira aproximar de uma *antropologia ontológico--institucionalista*, tal como A. GEHLEN a desenvolveu nas suas principais obras *Der Mensch* e *Übermensch und Spätkultur*. Aqui, com efeito, aparece-nos o homem como «ser cultural», cujos actos adquirem ordenamento através das «instituições».

Partindo da ideia de homem como «ser cultural» (p. 47), o A. liga esta base antropológica à própria emancipação do direito constitucional:

«o direito constitucional – afirma – seria o momento mais crítico do direito, e, por isso, também o momento da sua crítica. Dir-se-ia que nele o homem aparece no máximo da sua possibilidade de expressão, quer individual quer social. De algum modo, o homem político e o cidadão são os que mais preenchem a moldura do ser cultural» (cfr. pp. 44, 54, 86, 102, 104).

Desta articulação resulta uma Teoria da Constituição concebida como *ciência cultural da Constituição*. Este ponto fundamentante mereceria uma análise mais cuidada. Desde logo, o A. deveria delimitar e caracterizar «cultura», pois, sendo este um dos conceitos centrais da sua récita discursiva, pelo menos em sede de fundamentação, considera-se metodologicamente menos adequado apresentar esse conceito como *pressuposto implícito* ou como *mensagem* codificada. Assim, não se sabe se cultura é a cultura da *Kulturphilosophie* da Escola Sudocidental alemã (Rickert, Windelband), se ela é considerada como um «mundo histórico-social» (Dilthey), se o seu fundamento é filosófico-valorativo (Rickert) ou, mais concretamente, ontológico-institucional (Gehlen).

Também não se consegue descortinar se o A. liga este projecto «cultural» a uma teoria da Constituição em concreto. Não lhe faltavam pistas para isso. HERMANN HELLER concebeu a sua *Staatslehre* como *Kulturwissenschaft* e R. SMEND, na sua teoria integracionista, fala expressamente em *Kulturordnung*. E, se os autores clássicos são esquecidos, tão-pouco se pode dizer que os autores modernos sejam aproveitados na rota intertextual do A. Significativo é o facto de o A. desconhecer os novos desenvolvimentos da teoria da Constituição, sob a perspectiva das «ciências da cultura». Bastava-lhe ler P. HÄBERLE, *Kulturverfassungsrecht im Bundesstaat* (1980), "Vom Kulturstaat zum Kulturverfassungsrecht" in P. HÄBERLE (org.), *Kulturstaatlichkeit und Kulturverfassungsrecht* (1982), e, por último, *Verfassungslehre als*

Kultur-wissenschaft (1983), para verificar que as tendências modernas se orientam no sentido de fundarem as investigações da ciência política sobre a «cultura política», com a produção de uma cultura jurídico-constitucional. Numa palavra: o A. não deveria ter descurado os contributos de um TALCOT PARSONS sobre o papel da cultura (cfr. T. PARSONS, *Estrutura e processo nas sociedades modernas*), as perspectivas de um J. HABERMAS em torno da interacção das estruturas normativas, onde se incluem os valores culturais (cfr., sobretudo, J. HABERMAS, *Theorie des kommunikativen Handelns,* Vol. 2., 1981, p. 464), as posições críticas de J. LANG («*Conception élargie de la culture*») e os trabalhos mais especificamente teorético-constitucionais, como o do discípulo de H. HELLER, M. DRATH, *Über eine kohärente sozio-kulturelle Theorie des Staats und des Rechts* (1966 = *Rechts- und Staatslehre als Sozialwissenschaft,* 1977) e os de P. HÄBERLE, já referidos. E, já agora, dentro de um «espírito europeu», talvez fosse de tomar em con-sideração as sugestões riquíssimas da doutrina italiana, como, por ex., de SPAGNA MUSSO, *Lo Stato di cultura nella Costituzione Italiana,* Nápoles, 1961, e N. GRECO, *Stato di cultura e gestione dei Beni Culturali,* Bolonha, 1981.

A ausência de leituras mais actuais conduz o A. a imobilizar-se em torno de uma *Kulturordnung* valorativa (pp. 55, 187, 204, 304), possivelmente inspirada em Smend, mas sem virtualidades para compreender o homem aberto aos momentos de tensão e de conflitualidade sempre presentes nas leis e experiências constitucionais.

b) Que edificação? Que filosofia?

Com uma base antropológica tão suspeita de ontologismo, fundamentalismo e institucionalismo, não compreendemos bem – mas esperamos que o A. nos esclareça – como é que uma filosofia material de valores se coaduna com a *filosofia edificante* de R. RORTY, chamada à colação pelo A. em sede teorético-científica. Lembramos-lhe apenas, repetindo RORTY (*A Filosofia e o Espelho da Natureza*, Lisboa, 1985), que os filósofos edificantes – o último Wittgenstein e o último Heidegger – repudiam sistemas, verdades objectivas, fundamentos últimos – «querem apenas manter o espaço aberto para a sensação de admiração que os poetas podem por vezes causar» (RORTY, p. 286).

Este apelo a filosofias tão diferentes explicará, porventura, que o A., ao ligar «ciência» e «método» (p. 22), enverede por caminhos que nada nos iluminam quanto ao progresso da investigação. Pensamos que a proposta do A. seria atractiva se tivesse tentado – e alguns dos autores por ele citados davam-lhe pistas nesse sentido – justificar a sua *Realanalyse* através de uma *teoria da positividade do direito* em que o direito surgisse «iluminado» por filosofias pós-analíticas, sistémica ou institucionalmente orientadas. Só assim, a nosso ver, o seu «realismo constitucional», que o levará a falar de uma «contraconstituição escrita», poderia adquirir uma explicitação metodológica e tornar transparente a ligação da «norma» com o «sistema» ou a «instituição».

Esta mudança de paradigma nas discussões jurídico-metodológicas poderia o A. tê-la estudado no importante livro de WERNER KRAWIETZ, "Zum Paradigmenwechsel im juristischen Methodenstreit", 1979.

IV. Uma tese teoreticamente discutível

1. Estranha triangulação de conceitos

As páginas que L. P. dedica à Ciência Jurídica são uma síntese de problemas de vária ordem. Através desta síntese, procura o A. captar os sinais dos novos paradigmas da Ciência Jurídica. O que nos oferece, porém, é uma peregrinação por conceitos, teorias e problemas apressadamente conexionados. Desde o problema da inflação legislativa, até à estrutura das normas jurídicas modernas, passando pela teoria das políticas públicas, e acabando nos sistemas auto-referenciais, de tudo um pouco fala L. P.

Refere, por exemplo, a «circularidade do direito», a «racionalismo funcional» e a «auto-regulação». Segundo cremos, pretende aludir às modernas teorias autopoiéticas de Luhmann e Teubner, entre outros. Mas, se é assim, gostaríamos que nos esclarecesse, desde logo, a triangulação que parece fazer entre sistemas auto-referenciais, políticas públicas e Estado Providência.

2. Os dilemas do constitucionalismo

2.1. *Síntese*

Sob a epígrafe «Os novos dilemas do Constitucionalismo» (pp. 68 e ss.), o A. discute a crise da «Constituição normativista», «As alternativas entre Constituição-Programa e Constituição-Processo», e a «Constituição da liberdade através da Justiça».

Trata-se do núcleo central da Tese, pelo menos se nos colocarmos no plano teórico-constitucional. A construção/desconstrução que o A. faz dos «dois perfis salvíficos da Constituição» – a «Constituição-Programa» e a «Constituição-Processo» – é estilisticamente encantatória. Dominando com mestria linguística o seu radicalismo nominalístico-dicotómico, a tese central é susceptível de se reconduzir aos seguintes *tópoi*.

1) A Constituição-programa e a Constituição-processo correspondem a duas concepções do direito;
2) Como corpo de regras absolutizado e intencional, a Constituição programática representa o auge da substantividade e aponta para uma aposta dirigente e normativa; a Constituição--processo significa «despojamento» substancial e máximo de «sacralidade formal»;
3) O arquétipo de Estado subjacente à Constituição-programa é o de um «Estado militante e de futuro», e o paradigma estadual da Constituição-processo é o do «Estado gestor do presente vivido»;
4) A Constituição-programa é uma Constituição ideológica e a Constituição-processo é uma Constituição instrumento;
5) A Constituição-programa é estatocêntrica e a Constituição-processo é sociocêntrica; a primeira pressupõe um bom Estado, e a segunda uma boa sociedade;
6) Subjacente à Constituição-programa está uma «impenitente crença humanística», ao passo que a Constituição-processo é dominada por um reiterado pessimismo antropológico;

7) A Constituição-programa é indissociável de centralismo democrático, e a segunda da democracia descentralizada.

O A. reconhece expressamente (p. 95) que «as respostas concretas são menos apodícticas ou expeditivas», «e consistem, muitas vezes, em apresentar tentativas de doseamento».

Criticando embora estes dois «tipos» ou perfis de Constituição, desenha-se logo o sentido estratégico do A., sobretudo contra a Constituição-programa, porque este «tipo ideal» é, no fim de contas, o «tipo concreto» da Constituição Portuguesa de 1976. Constitucionalismo ideológico, partidarização da ideia de valor, degeneração do ideal em ideologia ameaçadora da liberdade, dotada mais de competências do que de legitimidade, confusão de direito e política, pré-posição para o poder, são algumas das críticas dirigidas contra este tipo de Constituição.

Por sua vez, a Constituição-processo pecaria por abrir mão da normatividade, ignorar o domínio, ser uma mera disposição para o poder.

Na distribuição das críticas, o A. não é salomónico, porque, visivelmente, o alvo é a Constituição-programa, considerada como o tipo ideal do qual a Constituição portuguesa seria a mais viva das encarnações.

2.2. *Crítica*

Várias reservas temos a fazer ao discurso do A.

1) Trabalhando com conceitos tão importantes, como os de «programa» e de «processo», o A. não faz o mínimo esforço de descodificação destes conceitos.

Os resultados teóricos da dicotomia redutora são desconsoladores. O A. vai espalhando no texto conceitos como o de «processo social global» (p. 137), «processo de longa duração» (p. 129), «processo revolucionário» (p. 136), «processo histórico» (p. 98), «legitimação através do processo» (p. 103), «processo decisório» (p. 29), «processo dialéctico de confrontação e formação do poder político» (p. 259), «processo de democratização progressiva» (p. 290), «processo democrático» (p. 377), sem se dar conta sequer da pluri-significatividade do conceito de processo.

2) Mas, mais do que a indefinição conceitual, o que torna o trabalho doutrinalmente mais pobre é o apelo ao «efeito de betoneira» (p. 99).

As consequências da «argamassa» de teorias saltam à vista. Mete no mesmo saco teorias tão diferentes como, por ex., a de um PETER HÄBERLE, *Verfassung als öffentlicher Prozess*, a de um NIKLAS LUHMANN, *Legitimation durch Verfahren*, a de um MARTIN KRIELE, *Verfahren als Emanation der Rule of Law*, a de um DIETER SUHR centrada sobre os *Grundrechte als Gegenstand interaktionistische-prozedural Entfaltung*, a de um KRÜGER em torno do Estado concebido como «*geordnetes Verfahren*», e a de um FORSTHOFF reduzida a um «*Regel- und Verfahrensaggregat*».

Ao reduzir a complexidade à dicotomia, ao unificar o que é plural, o A. não explica se, por exemplo, a Constituição processual do racionalismo crítico e do pensamento de alternativas se pode reconduzir à constituição processual de artifícios técnico-jurídicos de Forsthoff, informada por uma teoria autoritária do Estado.

Sendo assim, o «dilema do constitucionalismo» converte-se, contra o A., num verdadeiro «trilema», pois, ao evitar o caminho árduo do confronto de opiniões, da exploração de alternativas, do pluralismo das diferenças, corre o risco de o acusarmos:

1) ou de falta de estudo e investigação, e não há desculpas, num trabalho de doutoramento, para existir um «eclipse intertextual»;
2) ou de o pluralismo das teorias perturbar a estratégia do radicalismo dicotómico, e, também, nesse caso, é inadmissível que a

simples estratégia do discurso justifique a argamassa de teorias, filosofias e pré-compreensões radicalmente diferentes.
3) ou de o A. estar ainda convencido da bondade do seu esquema dicotómico, e, então, gostaríamos que nos explicasse a «convergência processual» de teorias autoritárias do Estado, como a de Forsthoff, com teorias republicano-demo-cráticas, como a de P. Häberle. O trilema subsiste, mesmo quando o A. (p. 91/5) nos adverte no sentido de não querer sistematizar as várias teorias concretas da Constituição.

3. Que teoria da justiça e da liberdade?

Sendo tão crítico relativamente aos dois «perfis» de Constituição, esperava-se que o A. nos apresentasse, como prometera, uma *teoria da Constituição positivamente perfeita*. Isto, pelo menos, para se tornar mais transparente a sua cumplicidade, pois, como o A. afirma, na p. 20, «a teoria não é autora ou co--autora, mas é, pelo menos, cúmplice». O que é que o A. nos apresenta em alternativa ao programa e processo?

a) Uma Constituição como expressão de um *ethos* do Estado (p. 100).

b) Uma Constituição estribada numa *ordem de valores*.
c) Uma Constituição da *liberdade através da justiça*.

Se o A. foi incisivo na desconstrução dos dois tipos constitucionais, já o mesmo se não pode dizer da reconstrução da constituição positivamente perfeita.

Da conjugação das várias insinuações do discurso parece que estamos a ouvir os ecos retardados das *Erinnerungen an den Staat* de um FORSTHOFF, da *Wertordnung* de um SMEND, do *Justizstaat* de um MARCIC e da *Verfassung der Freiheit* de um HAYEK.

Esta mescla teorética, aliás não assumida pelo A., oferece um suporte bastante frágil para uma «revisão das revisões». Vejamos porquê.

3.1. Uma teoria da Constituição baseada numa ideia retroactiva do Estado

Em vários lugares da Tese, o A. «tem saudade» de um «Estado que passou», ou procura um «Estado perdido». Começa por dizer que poderá «ter hoje o carácter de uma veleidade aspirar em Portugal à formulação de uma teoria do Estado» (p. 17). Posteriormente, refere-se à «crise do Estado», à «crise da unidade do Estado e da soberania» (p. 57). Apela, em seguida, à constituição de um «*ethos*» do Estado

(p. 100). Lamenta, depois, que o Estado apareça, entre nós, «dividido», «retalhado», «achatado» e «dinamizado» (p. 217). Insiste na desejabilidade da «neutralidade, supremacia, unidade e permanência com que a doutrina clássica esculpira o conceito de Estado» (p. 211).

Critica a substituição da categoria de Estado pela de poder político na Constituição (p. 251) e acusa esta de não desejar a «autonomia» e a «supremacia do Estado» (p. 223). «A unidade congénita e fixa do Estado» – acrescenta (p. 218) – é substituída por dois «modelos larvares de Estado» (p. 222). E as acusações continuam: «as práticas da Revolução e da Constituição têm recusado (p. 242) a superioridade do Estado como sede da unidade vertical do poder político». Mais grave ainda: «o Estado implantou-se fortemente no núcleo duro das relações sociais, tomando um papel excessivamente central na regulação das relações capital/trabalho» (p. 289). Não admira, assim, que o «Estado esteja hipertrofiado», se mostre «policéfalo» (p. 289) e «dúplice» (p. 290), mais económico que político (p. 371).

Lucas Pires não adianta qual o modelo ou concepção de Estado que perfilha. Mas, pelas críticas que move ao Estado constitucional democrático português, antevê-se o conceito de Estado que, no desenvolvimento de Hegel até Schmitt e Forsthoff, passando por Von Stein, é elevado a suprema instância ético-política da Terra e cuja função racionalmente legitimante deve ser a de assegurar a ordem, a unidade e a hierarquia em face da sociedade, dos conflitos e dos grupos. O Estado autoritário, radicalmente antipluralista, perfilar-se-ia ainda no horizonte historicamente necessário, enquanto tivermos um Estado «ineficiente», «impolítico», «burocratizado», «inseguro», «não emancipado», e enquanto não passarmos para um outro Estado mais autónomo, que poderá ser, na proposta do A., o «Estado europeu» (P. 291).

3.2. Uma teoria da Constituição fundada num arcanum *filosófico e interpretativo*

O A. não conseguiu melhor fundamentalismo valorativo do que o das *Werttheorien*, crescentemente acusadas de «holismo», «totalização» e «hierarquização», e, por isso, crescentemente contestadas nos planos filosófico, metodológico e dogmático.

No plano do direito constitucional, desde H. GOERLICH, *Wertordnung und Grundgesetz* (1973), que considerou a «ordem de valores» como um *arcanum* da interpretação constitucional, até aos importantíssimos trabalhos de FRIEDRICH MÜLLER, *Einheit der Verfassung* (1979) e *Richterrecht* (1986), o integracionismo valorativo tem sido posto em crise.

Mesmo no plano da política constitucional, o A. poderia ter visto no livro de VORLÄNDER, *Verfassung und Konsens*, as traves mestras da discussão entre H. SCHMID, H. KOHL e W. MAIHOFFER, e teria concluído que o problema, hoje, já não é tanto o de revelar uma *ordem de valores* pré-existente e apriorística, mas o de descobrir, mediante um processo de comunicação livre, os *valores fundamentais* de uma ordem constitucional democrática.

3.3. *Que Constituição da liberdade?*

O A. propõe-nos uma «constituição da liberdade através da justiça» em termos particularmente confusos (pp. 111 e ss.). Suspeitamos mesmo – mas o candidato terá também oportunidade de esclarecer este ponto – que se confunde uma *Teoria da Justiça*, no sentido de John Rawls, com *Estado de Justiça*, sobretudo nos termos em que foi caracterizado por Marcic (*Richterstaat*).

Também não ficam esclarecidos, ou iluminados, os contornos de uma «Constituição da liberdade através da justiça». Eles ficam até mais indefinidos, ao tomarmos em atenção as páginas finais da tese, dedicadas, precisamente, à «eficiência e justiça» (pp. 331 e ss.).

As considerações feitas neste último local (e que, perdoe-se-nos a rudeza universitária, «roçam», por vezes, o jornalismo económico vulgar), alicerçaram-nos a convicção de que o A., através de uma «constituição da liberdade e da justiça», procurou ancorar-se na *Theory of Justice*, de J. RAWLS, e na *Verfassung der Freiheit*, de HAYEK.

O desenvolvimento do tema em breve nos leva a perceber que J. Rawls é preterido a favor de Hayek. E isso é compreensível na estratégia discursiva de L. P. J. Rawls, embora ponha em relevo que «os princípios da justiça podem servir como parte de uma doutrina da economia política» (trad. esp., p. 295), não deixa de salientar – e L. P. recorda isso mesmo – que a «eleição entre uma economia de propriedade privada e uma economia socialista está aberta. Do ponto de vista da teoria da justiça, pode parecer que diferentes estruturas básicas satisfazem os seus prinípios».

A rota a seguir pelo A. é outra – a da *catalaxia hayekiana*. Já o tratamento dado aos direitos económicos, sociais e culturais insinuava que, também L. P., condena a ilusão construtivista, cegamente crente numa reconstrução social, voluntária e deliberada, a partir do direito.

Por um lado, isso significará que o direito é instrumentalizado; por outro lado, toda a intervenção estadual na ordem do mercado (mesmo em economia mista) introduz um efeito de desordem, ciberneticamente falando, no jogo catalético (o cosmos do mercado).

A ordem política de um povo livre é, em sentido hayekiano, esta mesma: se, pelo livre jogo da oferta e da procura, cada um obtém uma quantidade de informação que orienta a actividade económica e social melhor que qualquer instituição construída, então o papel do Estado é o de unicamente criar o quadro em que o jogo da catalaxia se possa desenvolver livremente. O Estado será, por conseguinte, e antes de tudo, o defensor das liberdades individuais, isto é, dos direitos negativos. O erro social começa quando se acrescentam a estes direitos negativos, os direitos positivos, sociais e económicos, pretendendo-se que possam ser satisfeitas através do poder e do governo as situações materiais dos indivíduos e dos grupos. Aqui se situaria, segundo Hayek, a deriva totalitária – igualar direitos e liberdades a direitos económicos.

L. P. refere-se também a uma «Constituição económica», a um «Estado económico», perigosamente indiciador do totalitarismo económico e técnico (p. 371). De igual modo, parece aceitar a tese de que o «sector público poderá ser visto como um modo de transferir uma parte do poder público para fora do controlo democrático e mesmo, em grande parte, jurídico».

Por aqui se vê que a «ordem de valores» da primeira parte da dissertação cede lugar ao hiperracionalismo do hiperliberalismo.

Afinal, a ordem de valores reduz-se a um *historicismo* que outra coisa não é senão um *economismo*. A vigilância contra os efeitos perversos do intervencionismo estadual obriga-o a confiar tudo à história, identificada agora com o desenvolvimento do mercado, reencontrando, assim, nesta história, uma nova representação historicista do moderno paradigma do individualismo: o do proprietarismo sem proprietários. Aqui – no mercado – se virá a encontrar aquilo que o A. designou por «astúcia interna da história» (p. 145). O historicismo cultural do A., ao volver-se em historicismo económico, continua a «morte de Deus» através do mercado, pois é este e não aquele que permite dar a benção harmonizante aos projectos diferenciados dos indivíduos. Assim se compreende também que o A., embora recorde várias vezes as teses neo-contratualistas (ex.: pp. 289, 292, 302, 373), acabe por recorrer à «moralidade» neocontratualista apenas nos casos de insuficiência do mercado (cfr. D. GAUTHIER, *Morals by Agreement*, Oxford, 1986), ou quando a ênfase na «eficiência» nos leva a suspeitar do pouco crédito concedido à justiça (p. 373).

V. Uma tese jurídico-constitucionalmente claudicante

1. A preparação do revisionismo

Na Parte II do trabalho o A. pretende discutir o tipo de *desenvolvimento constitucional*, querendo, com este conceito, referir-se à constância do «questionamento» e do «movimento» constitucional na vida portuguesa e à percepção de uma solução orientada mas inacabada quanto a questões essenciais (p. 127). Todavia, como «repassa toda a Constituição uma bipolarização estrutural que, à lupa, poderia revelar coexistência (mas não necessariamente convivência) de duas Revoluções, até duas Constituições afinal numa só» (p. 133), o desenvolvimento constitucional vai pôr termo à «guerra de posições e de objectivos» (p. 126). A luta pelo desenvolvimento constitucional será mesmo uma «luta constituinte» (p. 127). O discurso do A. procura demonstrar que a «polarização interna da Constituição só poderá conduzir a um desenlace final que será a superação da própria Constituição». Os materiais carreados para a demonstração desta tese são múltiplos.

Identifica a Constituição com a Revolução — a Constituição é a forma de Revolução e a Revolução é a Constituição material. A Revolução/Constituição depara-se, cada vez mais, com maiores desfasamentos perante a realidade política, económica, social e cultural. Em virtude da sua rigidez, a Constituição é prisioneira da Revolução (p. 148) e o art. 290.º só pode compreender-se como a «linha Maginot» da Revolução. Não é difícil prognosticar a «anomia» ou «desconstitucionalização do sistema no seu conjunto» (p. 150).

Perante um texto carregado de contradições – socialismo e democracia, abertura e rigidez, parlamentarismo/semipresidencialismo, eficiência e justiça – o que se deve procurar não é um compromisso (impossível), mas uma *transição superadora*.

A Tese de Lucas Pires passa a ser então transparente: a *Constituição é má, é um «janus» bifronte, é uma «anticonstituição». Deixou mesmo de ter a prestação de positividade mas deve ser levada a sério, porque pode haver desenvolvimentos regressivos, ou seja, desenvolvimentos no sentido do reforço da sua força normativa, sobretudo na dimensão socializante. Levar a sério a Constituição significará procurar justificação para a variedade de fontes constituintes* (p. 150).

Começa por salientar que os «principais agentes da política constitucional nem sempre estão sujeitos ao voto de obediência constitucionalista» (p. 151). Depois, lembrando-se do que escreveu outrora («Ultramar e a Revisão Constitucional»), não rejeita a tese do carácter limitado do poder de revisão, mas no pressuposto de que também o poder constituinte não tenha excedido a sua legitimidade ao estabelecer tais limites (p. 160). Isto condu-lo à tese do *abuso do poder constituinte* por excesso dos limites materiais da revisão (p. 171).

Todavia, dado que a ilegitimidade do art. 290.º não tem órgão que a possa controlar, o discurso deve procurar outras saídas. Como a «realidade não faz eternamente figura de terceiro» (p. 175) e como todos os problemas constitucionais foram colocados em posição dialéctica – uma dialéctica interna de valores e princípios e uma dialéctica com a *praxis* e realidade da Constituição (p. 132) – procura-se a «decisão fundamental» (p. 171).

Aqui se vem recortar com nitidez o pensamento decisionístico do A.: se há uma conflitualidade entre valores (democracia e socialismo), entre tipos de propriedade, entre sectores económicos, entre posições internacionais do Estado, entre dignidade da pessoa humana e sociedade sem classes, então, o que se deve tentar, não é tanto o compromisso ou o consenso – os valores e princípios positivados são radicalmente antagónicos –, mas uma decisão conducente à unidade.

A lógica desta dialéctica passa a tornar-se transparente: «o expurgar da contra-constituição» (p. 183) que, para o A., é a actual Constituição da República Portuguesa. Em termos de teoria da Constituição constitucionalmente adequada não se pode ser mais teoreticamente «desadequado».

O texto da Constituição degrada-se, pura e simplesmente, em «contra-constituição»!

2. Os limites da *Realanalyse*

Esta segunda parte do trabalho tem menor qualidade do que a primeira. O A. não conseguiu suficiente «distanciação» científica para abordar jurídico-constitucionalmente núcleos problemáticos da Constituição, e daí a frequentíssima transposição de planos. Passa do plano da política constitucional e do revisionismo para o plano jurídico-constitucional e vice-versa, o que traz pesadas consequências quanto à correcção jurídico-dogmática de algumas teses, como em seguida lhe demonstraremos. Por outro lado, leva tão longe a sua *Realanalyse*, a ponto de minar a estratégia, longamente esboçada, de justificar a superação decisionista da Constituição escrita.

O discurso sobre o *referendo* é esclarecedor a este último respeito. O A. não esconde que, na sua intenção reconstituinte, o referendo é um instrumento decisionisticamente eficaz. A propósito e a despropósito, a prática referendária assume a qualidade de «alavanca de Arquimedes». A pág. 157 refere-se à rejeição do referendo no texto constitucional «talvez por se subscrever a opinião de Dicey» sobre o seu «carácter conservador». Só por ironia se avançará essa justificação. Em breve, porém, o referendo vai surgir em toda a sua nitidez «revisionista»: o «referendo forma a única promessa reconstituinte» (p. 180); «o referendo teria contribuído para decidir questões concretas de orientação política e não apenas escolher grupos de pessoas» (p. 278);

«O referendo teria evitado a transferência da função plebiscitária para outras eleições» (p. 278); «a exclusão do referendo garante que a tensão íntima da Constituição não poderá ser ultrapassada ou resolvida a não ser a favor do último objectivo do seu bloco constitucional dirigente» (p. 272); «o sistema político prefere correr o risco de fricção de modelos e da instabilidade consequente do que resolver os impasses concretos pela via do referendo» (p. 272); «Talvez não convenha, porém, ou nem sequer seja possível prescindir inteiramente dele, como possível instrumento de uma batalha do desenvolvimento constitucional e sucedâneo da própria caducidade dos factos que estão na origem das decisões fundamentais da Constituição».

Os dividendos que o A. procura tirar sempre da sua *Realanalyse* ficam aqui comprometidos.

Em primeiro lugar, gostaríamos de ver discutida a questão do referendo constitucional em termos de teoria da Constituição e de direito constitucional.

A falta de «altura teórica» conduz o A. a comprometer o discurso com estratégias político-eleitorais derrotadas. Digamos mesmo: «a águia no cimo dos penhasços», para utilizarmos uma metáfora do A., passa a esvoaçar rente ao solo, tentando legitimar retroactivamente «lutas» fracassadas de plebiscitos presidenciais. Ora, se o A. é tão incisivo relativamente ao impacto da Constituição real sobre a *constitutio scripta*, talvez, em nome da *Realanalyse*, devesse dar menos valor a um instrumento sucessivamente rejeitado pela maioria democraticamente expressa nos testes eleitorais.

Compreende-se, porém – e aqui reaparece o *plano normativo* ao lado da *seinsgemässe Argumentation* – que o A. não deixe cair o referendo (= plebiscito).

Como o desenvolvimento constitucional é uma «luta reconstituinte», poderemos ser obrigados, enquanto não existir «Estado Europeu» e «Constituição Europeia», a ter de superar a Constituição por uma via diferente da revisão, dotada de limites dificilmente contornáveis na sua globalidade. Aqui, já não é a *Realanalyse* mas o *ideologema* da decisão a motivar a estratégia discursiva do A.

3. Insegurança dogmático-constitucional

A já referida estratégia de transposições de planos – da política constitucional para o direito constitucional e deste para a política – tem nefastas consequências quando o A. aborda problemas no plano jurídico-constitucional.

Vejamos alguns exemplos da insegurança e da incorrecção da retórica argumentativa do A.

3.1. Que funcionalização? Que institucionalização? O défice jurídico-dogmático no campo dos direitos fundamentais

O A. parte de uma concepção apriorística e valorativamente integrista de direitos fundamentais. Logo nas páginas introdutórias começa por aludir (pp. 55, 73, 101) a um «sistema de valores» (p. 55), a «uma hierarquia de valores» (p. 73), a uma «ordem de valores» (p. 101). É a partir de uma pré-compreensão holística e hierarquizante que tece considerações, em termos menos correctos, sobre os direitos fundamentais positivo-constitucionalmente consagrados.

Acusa, por exemplo, a Constituição de ter «funcionalizado os direitos e liberdades» (pp. 308, 310 e ss.): «a função dos direitos e liberdades aparece mais objectivada, institucionalizada como indirecta tarefa do Estado».

Desafiamos o A. a provar várias coisas:

1) No âmbito dos «direitos, liberdades e garantias», indicar os fundamentos justificadores da

tese da funcionalização destes direitos como «indirecta tarefa do Estado»;
2) Ainda neste âmbito, justificar metódica e metodologicamente – e não ideologicamente – que os «direitos individuais de liberdade são «institucionalizados» e «enquadrados no Estado» (p. 344);
3) A «dessubjectivação» dos direitos, liberdades e garantias mediante a atribuição de uma dupla natureza direito/dever dos direitos fundamentais.

No seu discurso, o A. refere-se várias vezes a «institutos» (pp. 78/79), «institutos e garantias institucionais» (p. 348), «conjunto avulso de institutos e garantias institucionais» (p. 348), «multiplicidade de garantias institucionais e institutos legais» (p. 348).

Não deixa de ser estranho que:

1) defendendo o A. um «liberalismo institucional» (p. 43);
2) ancorando na «consciência normativo-institucional» o último fundamento da própria segurança da Constituição» (p. 64);
3) considerando mesmo que o sentido global e dinâmico da «consciência jurídica pública» é «mais do que um consenso», pois se «forma também num discurso através das instituições»;

venha a atacar a Constituição a partir da multiplicidade de garantias institucionais nela existentes. A tese do A. ainda poderia lograr aceitabilidade se a retórica argumentativa, em termos jurídico-constitucionais, fosse convincente. Mas não é.

Não vamos fazer aqui a história das *Einrichtungsgarantien*, desde que MARTIN WOLFF (*Reichverfassung und Eigentum*, 1923) definiu os contornos conceituais da «propriedade privada» e do «direito de transmissão e sucessão» como «institutos jurídicos». ·

Tão-pouco desenvolveremos a célebre distinção de CARL SCHMITT em torno das *institutionellen Garantien*, de direito público, e das *privatrechtlichen Institutgarantien*, de direito privado.

«O que se apurou, nas várias discussões doutrinais sobre «institutos» e «garantias institucionais», é que elas não substituem direitos; reforçam direitos. Como salientou oportunamente SCHEUNER (*Die institutionellen Garantien des Grundgesetzes*, in «Recht-Staat-Wirtschaft», Vol. 4.º, 1953, p. 55), os direitos não derivam das garantias institucionais. Quando, em 1958, G. DÜRIG (in MAUNZ/DÜRIG, *Kommentar*, Art. 1.º, Anotações III/98) proclamou o *zurück zum klassischen Verständnis der Einrichtungsgarantien* pretendia, nesta mesma linha, que os direitos se não dissolvessem nas garantias institucionais.

O A. ainda poderia ter alguma razão se as «garantias institucionais», constitucionalmente consagradas, estivessem ligadas a uma *teoria institucional* de direitos fundamentais, como ela está insinuada em Smend e Kaufmann, e, posteriormente, reafirmada de forma nítida no trabalho já clássico de P. HÄBERLE, *Die Wesensgehaltgarantien des Artikel 19/ /2, Grundgesetz*, de 1962. Aqui, sim, se desenvolve uma retórica argumentativa tendente a demonstrar a necessidade de os direitos fundamentais serem completados e interpretados através de uma *valoração institucional*. O trânsito é agora visível: o «institucional» deixou de ser compreendido como um complexo normativo-material autónomo, constitucionalmente protegido, para passar a ser um ponto de partida para uma nova compreensão dos direitos fundamentais.

Este ponto de partida – perigoso, concorda-se – é o de L. P. mas não é o da Constituição.

Aos direitos, liberdades e garantias pode atribuir-se uma dimensão objectiva, ao lado de uma dimensão subjectiva. Mas, nem os direitos, liberdades e garantias são «garantias institucionais», nem as «garantias institucionais» são direitos». *A Constituição não parte da liberdade como instituição, mas da instituição como amparo ou complemento da liberdade.*

3.2. *Direitos e deveres fundamentais*

Jurídico-constitucionalmente criticável também se há-de considerar a tese do A. segundo a qual a Constituição apresenta «desvios à concepção liberal de direitos», porque estabelece uma *reciprocidade* de direitos e deveres, reciprocidade essa indiciadora da «essência social» do indivíduo, na «esteira de uma legenda típica da cosmovisão socializante» (p. 341).

Em abono desta acusação, recorre a um «comentário» do arguente para extrair (nota 3) uma conclusão precisamente ao contrário da que aí se defende. Com efeito, escreveu-se nesse «comentário»: (cfr. GOMES CANOTILHO/VITAL MOREIRA, *Constituição da República Portuguesa Anotada*, Vol. I):

> «não existe nenhuma divisão específica dedicada aos deveres, e, dos dois capítulos dedicados aos direitos – o dos «direitos, liberdades e garantias» e o dos «deveres económicos, sociais e culturais» –, apenas o segundo se refere expressamente (como se vê pela rúbrica) a deveres, embora, na primeira, também haja um ou outro».

Noutro local (p. 124) do «comentário», esclareceu-se que os deveres são categorias constitucionais autónomas (p. 124) que não se reconduzem a categorias ético-estaduais. Todavia, se servirem de justificação a alguns limites a direitos, eles estão sujeitos ao regime cauteloso das restrições a direitos, liberdades e garantias.

3.3. Confusão de direitos, liberdades e garantias com direitos económicos, sociais e culturais

Na sua «desconstrução» do catálogo de direitos fundamentais, o A. chega a confundir direitos, liberdades e garantias com direitos económicos, sociais e culturais. Assim, por ex., a p. 344 alude:

> «à liberdade de ensino como encaixada pela obrigação central de superar qualquer função conservadora de desigualdades económicas, sociais e culturais (art. 74.º), democratizar a educação e a cultura (p. 73) e realizar mesmo a gestão democrática das escolas, apesar, por sua vez, da constitucionalização do *numerus clausus*».

Mais uma vez, o A. confunde as coisas.

Se queria referir-se à liberdade de ensino como liberdade de aprender e de ensinar, deveria ler com atenção o art. 43.º da CRP e verificar a proibição constitucional de o «Estado programar a educação, a cultura e o ensino segundo quaisquer directrizes filosóficas, estéticas, políticas, ideológicas ou religiosas». Os artigos a que se refere o A. inserem-se no campo dos direitos económicos, sociais e culturais, e, como se sabe, é diferente o regime específico dos direitos, liberdades e garantias e o dos direitos económicos, sociais e culturais.

3.4. O «núcleo essencial»

Não ficam por aqui as incompreensões jurídico--constitucionais do A. relativamente ao regime positivo dos direitos, liberdades e garantias.

Ao referir-se (p. 348) à garantia do núcleo essencial mínimo de direitos fundamentais, diz:

> «ele pode ter significados, pesos e direcções dependentes do respectivo desenvolvimento. Se pode, por exemplo, ser interpretado como uma via de reafirmação da defesa das liberdades no quadro de uma Constituição liberal, pode, no entanto, servir de pretexto a uma maior institucionalização do espaço de libertação pública, no quadro de uma Constituição mais objectivista das liberdades».

Cremos que, de novo, Dom Quixote investe contra fantasmas. O A. não desconhece que a «protecção do núcleo essencial» dos direitos, liberdades e garantias foi inspirada no art. 19.º/2 de *Grundgesetz*. Por sua vez, esta protecção «última» radica no facto de uma parte da doutrina da Constituição de Weimar ter considerado que, ao não existir uma cláusula expressa de intangibilidade do núcleo, os direitos fundamentais eram fórmulas vazias perante a proclamada vinculação do legislador a esses direitos. Foi o que aconteceu, precisamente, com o art. 8.º da Constituição Portuguesa de 1933.

A consagração da salvaguarda do «núcleo essencial» dos direitos, liberdades e garantias interpreta-se, assim, como *ultima ratio,* derradeira válvula de segurança contra restrições destes mesmos direitos.

A intranquilidade do A. terá plena justificação para quem, como ele, em sede de fundamentação, deixa aberturas para uma teoria *institucional dos direitos* e para uma concepção *relativizante* do núcleo essencial. Não é esta, porém, como temos defendido, a compreensão normativo-constitucional.

4. Que conceito de controlo? Quem tem medo das acções constitucionais de defesa?

As considerações desenvolvidas pelo A., para demonstrar que o «terceiro poder» é, ainda, «demasiado interior» ao «mecanismo do poder político», não conduzem a resultados jurídico-constitucionalmente fundamentados (p. 287).

O A. tem como fito demonstrar a «politização do judicial» (P. 266), mas procura sobretudo insinuar que o TC não tem uma posição inteiramente autónoma e própria, tendo saído da órbita do «protector militar» para a do «protector civil» (p. 259). Daí que ele se degrade em «segunda câmara jurisdicional», demasiado interior ao processo político parlamentar e partidário.

Não se descortina, na tese, uma retórica argumentativa tendente a demonstrar esta politização da função de controlo. Aceitar-se-ia que o A. discutisse a posição do Tribunal Constitucional como elemento de auto-regulação social numa sociedade pluralística e num Estado democrático. Esperar-se--ia, até, que a tese percorresse em revista o problema da legitimação dos Tribunais Constitucionais, dentro das novas perspectivas da separação de poderes e discutisse as várias posições teóricas: a tese monista do controlo «puramente jurídico» (KELSEN), a tese da aporia, centrada na convergência da política e do direito na jurisdição constitucional (TRIEPEL, LEIBHOLZ), e a tese dualista dos tribunais como «contra-legisladores» (MARCIC). O recente livro de INGWER EBSEN, *Das Bundesverfassungsgericht als Element gesellschaftlichter Selbstregulierung*, 1985, fornecer-lhe--ia uma perspectiva sugestiva sobre o assunto.

Também não deixa de ser estranho que o A. insista no «direito do juiz» (p. 45), na «valorização da jurisprudência» (p. 44), no papel da jurisdição «constitucional» quanto à formação da «consciência jurídica comum» (p. 65), no momento jurisdicionalconstitucional como momento em que se depura a «essência da consciência mediadora» (p. 122), e, por outro lado, desconheça praticamente a nossa rica jurisprudência constitucional.

O A. refere-se a Acórdãos do TC nas pp. 272/3, 298/1, 315/2, 336/4, quase sempre de forma indirecta. Quer dizer: uma das consciências mediadoras do direito reclamadas pelo A. (p. 114) – a jurisdição constitucional – é referida mas não estudada.

Mais incompreensível ainda é a retórica argumentativa do A. contra a Constituição e o Tribunal Constitucional, com base na inexistência, entre nós, de algumas acções e recursos constitucionais. Assim, por ex., na p. 265, tenta explicar a ausência de «acções constitucionais de defesa» e de «recursos de arbitragem de litígios constitucionais» na natureza do TC, que, no seu modo de ver, é mais um «intermediário entre a Constituição e o legislador» do que um «corpo intermediário entre o Povo e o legislador».

Havemos de ter serenidade bastante para reconhecer que não se localiza na Constituição – nas suas regras e nos seus princípios –, o obstáculo à criação de acções constitucionais de defesa e de outros instrumentos de defesa dos cidadãos. As discussões em sede de revisão constitucional – das duas revisões – poderiam esclarecer o A. sobre quem está contra a introdução, entre nós, de uma *Verfassungs-*

beschwerde e de recursos preferentes e sumários para a defesa dos direitos dos cidadãos. Aquilo que o A. designa por «ponto ómega» do «Estado de Direito» – «o recurso contencioso directo de inconstitucionalidade» – justificaria, isso sim, a introdução, por via das leis de revisão, ou até de leis ordinárias, de institutos processuais e procedimentais adequados. A isto se têm oposto as sucessivas maiorias de revisão. O problema não se prende, como insinua o A. (pp. 266/267), com a filosofia da Constituição, mas com posturas políticas antropologicamente adversas à dinamização processual e procedimental dos direitos fundamentais.

O discurso estratégico-dicotómico falha aqui uma vez mais: a «escrupulosa incrementação da Constituição» não é incompatível com a defesa da autonomia individual e social através «da acção constitucional de defesa». Queiram os mediadores partidários ou, para utilizarmos as palavras do A., os «autores do contrato» (p. 118), e a Constituição portuguesa poderá acolher, sem contradições dilacerantes, «instrumentos processualmente eficazes» quer para a defesa de direitos, liberdades e garantias quer para a defesa de direitos económicos, sociais e culturais.

5. Que Estado? Que teoria do Estado?

5.1. *Estado e política*

Como já atrás tivemos oportunidade de referir, o A. «invoca» e «evoca» um Estado que teria sido desprezado pela Constituição: «a falta de uma preferência pela noção de Estado sacrificada à de poder político» (p. 251); «Também a 'autonomia' e 'supremacia' do Estado não parecem ser desejadas pela Constituição» (p. 223); «Socialização do Estado e do poder político»; «A neutralidade, supremacia e unidade ou permanência com que a doutrina clássica esculpira o conceito de Estado» (p. 212); «a existência do Estado pressuporia uma área de acção politicamente livre, embora normativa, e mesmo uma certa estaticidade» (p. 212); «O Estado existe, com certeza, mas não no sentido dominantemente político de uma organização hierarquizada, autocriada, primordial e isolada do seu contexto, em relação à qual prosseguiria, por sua vez, fins genericamente indeterminados» (p. 213).

Concordaremos com o A. que contra o «Estado» concebido como «organismo vivo», contra o «Estado» transformado em «unidade sociológica», contra o «Estado» reduzido a «função de integração», contra o «Estado» reduzido a «unidade normativa», a Constituição preferiu um Estado republicano e democrático. Democrático logo no «sentido liberal» – veja-se o paradoxo –, pois, como bem demonstrou C. J. FRIEDRICH, «de uma forma estrita, o Estado não existe em democracia». Com isto, queria ele dizer que a democracia é incompatível com a *diferenciação de um espaço estatal*, concebido este como «essência», «poder», «espírito», pré-existente e totalizante. Se hoje pretendêssemos dar uma nota de modernidade ou pós-modernidade, diríamos que o Estado é um «sistema processual e dinâmico», e não essência imutável (F. CAPRA, *Wendezeit. Bausteine für ein neues Weltbild*, München, 1983).

O Estado da Constituição é, com efeito, um Estado bem situado na tradição republicana. Aconselharíamos ao Doutorando a leitura do importantíssimo livro de C. NICOLET, *L'idée republicaine en France*, 1983, para aí ver como germinou a ideia de «república como povo que se governa a si próprio», em vez de se deixar governar por um 'dono', uma 'casta' e, *a fortiori*, um «Estado diferenciado» (pp. 398 e ss.).

Consequentemente, o A. poderia oferecer-nos uma *Teoria da diferenciação do Estado*, incluída na semântica da modernidade, mas não um Estado como forma originária metaconstitucional, ou como «estrutura» resultante da natureza das coisas. Também não estranharíamos uma teoria da diferenciação do Estado dentro da problemática dos *corporatismos contra o Estado*.

O A. desenvolve uma retórica (cfr. pp. 81, 83, 84, 274, 304) tendente a demonstrar e a criticar a «corporativização da sociedade». Mas, a sua argumentação dirige-se exclusivamente contra o «Estado Constitucional de bem-estar» «social», ou «socialista», quando o problema do «feudalismo dos grupos» não é um fenómeno novo (cfr. ROGÉRIO SOARES, *Direito Público e Sociedade Técnica*, 1967), nem exclusivo dos «Estados Sociais».

5.2. *Superioridade do poder político em relação ao poder económico*

Em certos contextos, o leitor é obrigado a proceder a uma tarefa de harmonização no discurso do A. Assim, na p. 306 por ex., num discurso particularmente confuso sobre o «geral» e o «particular», o A. afirma textualmente:

> «O interesse geral é o interesse público e este é o do poder político ainda que com a condimentação das formas sociais de participação. A esta luz pode ser lido de facto, não apenas o n.º 2 do art. 85.º ... mas, inclusivamente, de uma maneira mais geral, a norma da alínea *b*) do art. 10.º que prescreve a superioridade do poder económico em relação ao poder político».

Todavia, na p. 377, ao inserir uma nova dicotomia – «Intervenção e Autonomia» –, o A. afirma:

«Aparentemente, pareceria que tal autonomia (a autonomia da vontade maioritária) não estava em causa, pois a Constituição está dominada pela ideia da subordinação e controlo do poder económico (art. 80.º, alínea *a*)».

E, na p. 338, repete:

«(...) por outro lado, uma preocupação e uma norma como a da alínea *a*) do art. 80.º, sobre a subordinação do poder económico ao poder político democrático, deveria ser um princípio supérfluo, pois o poder político é, por definição, a força própria, o que é de todo o povo e melhor se pode impor a todos os grupos».

Mas, então, em que ficamos: superioridade do poder económico em relação ao poder político, ou superioridade do poder político em relação ao poder económico? A Constituição é clara, mas, perante as afirmações totalmente contraditórias do A., parece que o discurso argumenta e contra-argumenta contra si próprio. Talvez, com menos dramatismo, possamos aceitar que haja aqui um lapso, ocultador das preferências profundas do A.

6. A radicalização dicotómica

A estratégia discursiva do A. leva-o, como já se acentuou, a desenvolver uma narratividade sistematicamente ancorada no «dualismo», na «bipolarização», no «antagonismo», na «inconciliabilidade» das soluções constitucionais, para tornar mais transparente, inevitável e desejável a *decisão* reconstituinte ou *revisionista*. É compreensível que queira aproveitar a «luta pelo desenvolvimento constitucional» para reivindicar a revisão global da Constituição no sentido de se operar uma mudança de regime. A isto chamou JEAN-JACQUES CHEVALIER (*Histoire des institutions et des régimes politiques de la France de 1789 à nos jours*, 6.ª ed., Paris, p. 379) «revisionismo constitucional».

Todavia, se o A. se coloca no plano jurídico-constitucional, parece-nos que a via metódica não deveria ser a de acentuar antinomias, mas a de utilizar os instrumentos metódicos – princípio da unidade, princípio do efeito integrador, princípio da concordância prática, princípio da interpretação conforme – para, como salientou GÖLDNER, erguer sobre os próprios momentos de conflitualidade e de tensão propostas de interpretação/concretização constitucionalmente adequadas.

O A. prefere a «decisão reconstituinte», mas à custa de grandes défices na retórica jurídica argumentativa. Vejamos alguns exemplos.

6.1. *Antinomias entre princípios*

Nuns casos, a radicalização dicotómica, com a consequente impossibilidade de concordância ou harmonização, assenta no desconhecimento, deliberado ou não, por parte do A., do esforço que a Teoria Jurídica vem fazendo quanto à resolução jurídica das antinomias entre normas ou dos conflitos entre princípios. Reconheça-se que o A. não é totalmente indiferente a esta problemática, pois, em nota, a p. 73, parece intuir estas complexas questões através da citação de um A. (Rui Machete).

A distinção entre regras e princípios (ALEXY, DWORKIN) não é nova, como o A. sabe, mas o modo como a recente doutrina coloca o problema das antinomias normativas e principiais é que já apresenta algumas novidades.

Os princípios (valores, bens) obrigam, em caso de conflito com outros princípios, a uma ponderação, a uma avaliação do *peso* no caso concreto, mas esta tarefa de optimização não implica uma solução de «tudo ou nada». Bastava ler os recentes trabalhos de DWORKIN sobre regras e princípios e as importantíssimas contribuições de ALEXY (cf., por ex., "Zum Begriff des Rechtsprinzips", *Theorie der Grundrechte*) quanto ao problema de conflitos entre princípios, para verificar que, mesmo no plano teorético-político, há instrumentos afinados para, na perspectiva de uma constituição constitucionalmente adequada, solucionar «antinomias». Daí que, no plano metódico, a polarização radical entre «democracia e socialismo», «dignidade da pessoa humana e sociedade sem classes», constitua, a nosso ver, um problema irredutível para quem, em termos ideológicos, recuse o pluralismo e a conflitualidade, e para quem, em termos metódicos, a ponderação e optimização de princípios só possa fazer-se através da eliminação do «inimigo».

6.2. Normas e tarefas

O A. parece, de resto, sufragar uma estranha concepção de norma. Diz-nos, a p. 102, que a «norma é o primeiro princípio da conduta individual e colectiva» e que a «legitimidade não diz respeito também às tarefas, quando colocadas no mesmo plano daquelas».

Acrescenta-se depois: «desprendida da ideia de valor, separada da consciência de critérios culturais subjacentes, a norma-tarefa e a respectiva constituição podem transformar-se de novo num processo – um processo de distribuição do produto social».

Duas observações:

1) não se sabe o que é uma norma para o A. mas, pelas citações referidas, temos uma mescla de insinuações deontológicas, axiológicas e antropológicas que nada adiantam relativamente a um conceito rigoroso de norma jurídica.
2) quem ler o A. ficará com a ideia de as «normas-tarefa» serem desprovidas de eficácia jurídica (com o que reedita a velha teoria de C. Schmitt sobre o carácter proclamatório de tais normas); além disso, a inserção das normas-tarefa na Constituição é, de novo, considerada como simples sequela da legitimação da «Revolução», da transformação do direito em instrumento de «direcção e reforma da sociedade».

Também neste aspecto aconselharíamos mais serenidade ao A. Ainda recentemente, nas célebres *Bitburger Gespräche* de 1984, da *Gesellschaft für Rechtspolitik*, um autor nada suspeito de socialismo e democratismo, K. STERN, combatia as teses de Carl Schmitt, Forsthoff e H. Krüger, e defendia, textualmente, uma específica compreensão de Constituição, no sentido *«materieler dirigierenden und limitierenden Verfassung, die Staatsziele formuliert Aufgabe verteilt oder versperst»* (p. 8).

Analisando o projecto de Comissão de Peritos para a preparação de uma revisão total da Constituição Suiça (1977), K. STERN nota uma *Stilwandel:* superando as velhas leis constitucionais que tinham apenas um núcleo essencial de tarefas (paz, segurança interna e externa), aceitam as novas constituições, de forma expressa, tarefas de prestação (*Leistungsaufgaben*). Na cláusula de «Estado Social» vê STERN a resposta de uma Constituição estadual aos problemas da sociedade pluralística, industrial técnica e orientada pela divisão do trabalho.

As *Staatszielnormen* são por ele definidas como «*legitimierende Grundsatzaussagen der Verfassung Richtnormen für die Staatsorgane*». O que se deve evitar é uma «sobrecarga» estatal ou uma «completa desestadualização».

PETER HÄBERLE, no artigo «*Verfassungsstaatliche Staats-aufgabenlehre*» (*AöR*, 1986), proclama, sem cerimónias, a despedida do Estado «aberto» da Teoria Geral do Estado. O conceito de tarefas primárias «natas» ou «nucleares» do Estado industrial intensivamente regulador não devem ser aceites: *Die «geborene» ou «Primäraufgaben» sollte deshalb nicht gesprochen werden weil dadurch neuere den Verfassungsstaat im seiner heutigen Entwicklungs oder Textstufe mit legitimierenden Aufgabe* (*wie sie in der Sozial- oder Kulturstaats Klausel zum Ausdrück*) *kommen ungebürlich abgewerten erscheine*». Daí o concluir que as tarefas do Estado e os direitos fundamentais estejam hoje mais próximos do Estado Social do que do velho tipo de Estado liberal. No plano dogmático, exigir-se-á quer um *Schrankendenken* quer um *Aufgabendenken*, sem que com isto se ponha em crise, ao contrário do que defende o A., a «estadualidade» e a «juridicidade» da ordem comunitária.

6.3. *Compromisso? ou Antinomia?*

O A. não desconhece que, em termos fundamentantes e em termos metódicos, a doutrina do direito constitucional e da teoria da Constituição vêm empregando, progressivamente, as ideias de *compromisso* e *consenso*. Mas, logo afasta a ideia de resolver as tensões da Constituição em termos de compromisso (p. 133), porque é «mais apodíctico, objectivo e preliminar o 'reconhecimento de uma tensão ou dialéctica, num equilíbrio instável e possivelmente em movimento, ou até suspenso de uma resolução ou clarificação'» (p. 134).

A forma «expedita» como exclui o compromisso é sinal de fraqueza e não de segurança teórica e metodológica. Se o A. pretendia salientar o dualismo ou conflito insuperável que atravessa a Constituição Portuguesa de 1976 deveria, em primeiro lugar, demonstrar em quê e porquê o consenso nas suas várias dimensões – de ordenação política, processual e legitimatória – não é um instrumento de análise satisfatório numa Teoria da Constituição constitucionalmente adequada. Isso conduzi-lo-ia a discutir o problema do sentido, por ex., do «consenso fundamental» e do «consenso institucional» (cf. SCHEUNER, *Konsens und Pluralismus als verfassungsrechtliches Problem*), e a abordar, na sequência de FRAENKEL, a diferença ou distinção entre «sectores controvertidos» e «sectores não controvertidos» para se delimitar intrinsecamente o consenso. É este diálogo entre a «função limitadora» e «a função programaticamente legitimante» que falta ao A. quando nega qualquer valor legitimador aos princípios programáticos de uma Constituição (pp. 102 e ss.). Oxalá este diálogo – que aqui e agora nos aproxima do «ideal comunicativo» – contribua para reforçar o «forum» dialógico – e não apenas ideológico – em que, bem ou mal, se converteu a Constituição da República Portuguesa de 1976.

Coimbra, 25 de Janeiro de 1989.

REVER A CONSTITUIÇÃO DIRIGENTE OU ROMPER COM A CONSTITUIÇÃO DIRIGENTE? DEFESA DE UM CONSTITUCIONALISMO MORALMENTE REFLEXIVO

Sumário: 1. Um desafio provocador – 2. As incertezas epistémicas da "directividade constitucional": 2.1 A Constituição dirigente e o riso da mulher trácia; 2.2 A Constituição dirigente e a metanarratividade emancipatória; 2.3 Constituição dirigente como centro de direcção ou direcção sem centro; 2.4 Constituição dirigente, soberania nacional e patriotismo constitucional – 3. Incompreensões teorético-dogmáticas em torno da Constituição dirigente: 3.1 Constituição dirigente, liberdade, conformação do legislador e discricionariedade legislativa; 3.2 Constituição dirigente, tarefas do Estado, fim do Estado; 3.3 Constituição dirigente e direito directamente aplicável; 3.4 Constituição dirigente e omissões inconstitucionais – 4. Desenvolvimento constitucional e identidade reflexiva: 4.1 Esclarecimentos conceituais; 4.2 Desenvolvimento constitucional e cláusulas de metanarratividade; 4.3 Desenvolvimento constitucional e políticas públicas de direitos fundamentais; 4.4 Desenvolvimento constitucional e constitucionalismo moralmente reflexivo.

1. Um desafio provocador

Nos idos de Maio do ano de 1994, um conhecido publicista brasileiro, desafiou-me, em tom meio sério, meio jocoso, a intervir na "luta" pela revisão do texto constitucional brasileiro de 1988. Com efeito – acrescentou o nosso interlocutor –, entre os vários responsáveis pela "decisão" constituinte a favor de uma magna carta dirigente e/ou programática contava-se a minha tese de doutoramento em Coimbra, que tinha por título *Constituição dirigente e vinculação do legislador*, e como subtítulo *Contributo para a compreensão das normas constitucionais programáticas*. Das palavras do meu interlocutor ocasional não poderia deduzir-se, como é óbvio, qualquer responsabilidade política da minha parte, mas apenas uma cumplicidade teorético-dogmática relativamente à textura teleológica e programática da Constituição Brasileira de 1988. A acusação que me é imputada encontra-se, de resto, vazada em letra de forma.[1]

---

[1] Cfr. Ney Prado, *Razões das Virtudes e Vícios da Constituição de 1988*, S. Paulo, 1994, p. 26: "Esta concepção (a da "Constituição dirigente") tem a sua vertente intelectual na obra de um influente

Por coincidência – ou talvez não! – foi a própria pessoa que me convidou para falar neste Instituto – o Professor Manoel Gonçalves Ferreira Filho –, o autor mais contundente relativamente às minhas teses teorético-constitucionais.[2]
Compreender-se-á que perante os desafios, convites e críticas dos meus ilustres colegas brasileiros, eu não possa deixar de continuar a assumir a minha cumplicidade doutrinária em prol da vossa Constituição democrática. Como se irá ver, o meu gesto é hoje um movimento menos energético em relativa sintonia com as "baixas" pressões político-constitucionais. Devo reconhecer que não é fácil, aqui e agora, perante os auditórios críticos da década de 90, rastrear argumentativamente um discurso jurídico-constitucional como o fiz em Portugal, nos inícios da década de 80. Vejamos porquê.

---

constitucionalista português, de formação marxista, Joaquim Gomes Canotilho, denominada "Constituição Dirigente e Vinculação do Legislador".

[2] Cfr. Manoel Gonçalves Ferreira Filho, "A Nova Constituição Brasileira: Constituição-Dirigente ou Constituição-Plano", S. Paulo, *Convivium*, n.º 6, 1988: «Nessa linha – escreve este autor – a Constituição deve ser mais de que uma organização limitativa do poder. Deve ser um grande programa de transformações políticas, mas sobretudo económicas e sociais. Tal plano, para Canotilho e seus seguidores, se destina a operar a transformação para o socialismo, como etapa para a instauração, um dia, do comunismo».

2. As incertezas epistémicas da "directividade constitucional"

2.1 *A Constituição dirigente e o riso da mulher trácia*

A Constituição dirigente, ou melhor, os textos constitucionais carregados de programaticidade – desde a velha Constituição Mexicana de 1917, até à Constituição Brasileira de 1988, passando pela magna carta portuguesa de 1976 – estão num "fosso" sob o olhar implacável de muitos escárnios e mal--dizeres. Aos adeptos dos dirigismos e directividades veiculados através de normas – sobretudo constitucionais – acontece hoje o que já aconteceu a Tales de Mileto, há milhares de anos. São vítimas de risos irónicos semelhantes aos da mulher-serva da Trácia que acorreu aos gritos de socorro do astrólogo milésico caido num poço quando observava à noite as estrelas. Durante muito tempo esta "queda" e este "riso" tiveram um relevante significado cultural: o descrédito dos teóricos – e dos construtores de utopias, acrescentamos nós – mais prestos a captar o mundo das estrelas do que a olhar para as coisas da terra. O trágico da queda não estará, hoje, só na incapacidade de os mira-estrelas assentarem os pés no chão e tentarem compreender as armadilhas da *praxis*. Mais do que isso: o ruir dos muros revelou, com estrondo, que a queda não tinha sequer a grandeza do pecado. O poço onde se caiu não é uma cisterna em que a água brota cristalina das profundezas da terra, antes se reduz a uma simples cova, a um fosso banal, lamacento e sem fundura. O riso irónico da serva trácia, esse, transmuta-se em escárnio de multidões, e o olhar para longe fica prisioneiro da fragilidade de um chão aberto a terramotos.[3]

Deixemos esta linguagem simbólico-cultural e chamemos nomes às coisas: os olhares políticos, doutrinários e teoréticos de vários quadrantes – desde o pensamento liberal da Constituição aberta, até ao sistemismo autopoiético, passado por algumas insinuações da chamada sociologia crítica – não se cansam de proclamar a falência dos "códigos dirigentes" num mundo caracterizado pela conjuntura, a circularidade, os particularismos e os riscos. Voltaremos a alguns destes olhares críticos.

---

[3] O significado cultural do episódio a que nos referimos no texto foi analisado brilhantemente por Hans Blumenberg. *O Riso da Mulher de Trácia. Uma pré-história da Teoria*, Lisboa, 1994 (original alemão de 1987: *Das Lachen der Thrakerin. Eine Urgeschichte der Theorie*, Frankfurt/M).

2.2 *A Constituição dirigente e a metanarratividade emancipatória*

Se a Constituição programática fosse tão somente o rosto normativo da utopia, daí não adviria grande mal ao mundo. A instituição imaginária da sociedade (Castoriadis) limitar-se-ia a isso mesmo, a um *topos* sem lugar. Sucede, porém, que, subjacente ao programa constitucional está toda uma *filosofia do sujeito* e uma *teoria da sociedade* cujo voluntarismo desmedido e o holismo planetário conduzirão à arrogância de fixar a própria órbita das estrelas e dos planetas. A Constituição será, desta forma, o caminho de ferro social e espiritual através do qual vai peregrinar a *subjectividade projectante*. A má utopia do sujeito do progresso histórico alojou-se em constituições plano e balanço onde a propriedade estatal dos meios de produção se misturava com ditadura partidária e coerção moral e psicológica. Alguns – entre os quais me incluo – só vieram a reconhecer isto tarde e lentamente demais. Como se irá ver, a ideia de directividade constitucional terá ainda hoje sentido quando inserida numa compreensão crítica próxima do chamado constitucionalismo moralmente reflexivo.[4] Esta compreensão não apagará de

---

[4] Cfr. por todos, Ulrich Preuss, *Revolution, Fortschritt und Verfassung. Zu einem neuen Verfassungsverständnis*, Berlin, 1990, p. 73 e ss.

todo uma sensação de "consciência infeliz" próxima de uma leitura crepuscular anunciada por Hegel na sua Filosofia do Direito: "Para dizer uma palavra como o mundo deve ser, a filosofia vem, de toda a maneira, demasiado tarde."

2.3 Constituição dirigente como centro de direcção ou direcção sem centro

As constituições dirigentes, entendidas como constituições programático-estatais, não padecem apenas de um pecado original – o da má utopia do sujeito projectante, como dissemos; elas ergueram o Estado a "homem de direcção" exclusiva (ou quase exclusiva) da sociedade e converteram o direito em instrumento funcional dessa direcção. Deste modo, o Estado e o direito são, ambos, arrastados para a *crise da política regulativa*. Por um lado, erguer o Estado a "homem de direcção" implica o desconhecimento do *alto grau de diferenciação* da estatalidade pluralisticamente organizada. Por outro lado, confiar ao direito o encargo de regular – e de regular autoritária e intervencionisticamente – equivale a desconhecer outras formas de direcção política, que vão desde os modelos regulativos típicos da *subsidiariedade*, isto é, modelos de autodirecção social estatalmente garantida, até aos *modelos neocorporativos*, passando pelas formas de *delegação* conducente a regulações descentradas e descentralizadas. Tudo isto é certo. Se, para nós, é muito obscura a ideia de *equivalentes funcionais do direito*,[5] o modelo dirigente-programático de Constituição pode transportar, e transporta muitas vezes, o ambicioso projecto de modernidade na forma mais estatizante: a conformação do mundo político-económico através do direito estatal estruturado sob a forma de pirâmide. François Ost[6] traçou impressivamente o modelo de direito jupiteriano: "Sempre proferido do alto de algum Sinai, este direito toma a forma de lei. Exprime-se no imperativo e reveste, de preferência, a natureza do interdito. Encontra-se inscrito num depósito sagrado, tábuas da lei ou códigos e constituições modernas".

2.4 Constituição dirigente, soberania nacional e patriotismo constitucional

Outra das fragilidades epistémicas de um texto constitucional dirigente consistiria no seu *autismo*

---

[5] Cfr. Volker Ronge, "Funktionale Äquivalente zum Recht", *in Jahresschrift für Rechtspolitologie*, Vol. I, *Grenzen des Rechts*, 1987, p. 101 e ss; M. Glagow, "Formen politischer Steuerung. Etatismus, Subsidiarität, Delegation und Neokorporatismus", in M. Glagow (org.)

[6] Cfr. F. Ost, "Jupiter, Hercule, Hermès: trois modèles du juge", *in* Pierre Bouretz (org.), *La Force du Droit*, Paris, 1991, p. 241 e ss.

nacionalista e patriótico. Se bem compreendemos as coisas, o défice epistémico da programaticidade constitucional não estaria apenas na conversão irrealista de uma simples folha de papel em instrumento dirigente da sociedade. Para além disso, a Constituição arrogar-se-ia o papel de alavanca de Arquimedes com força para transformar o mundo, mas sem atender ao facto de ela estar cercada por outros mundos. Por outras palavras: o dirigismo normativo-constitucional repousa no dogma "Estado-soberano", constituindo a "soberania constitucional" um corolário lógico deste mesmo dogma. Deve reconhecer-se o fundamento desta crítica. Como programar normativamente a transição para o "socialismo" num país só – como se afirmava no texto originário da Constituição portuguesa – quando os contextos "envolventes" *internacionais, europeus* e *transnacionais* apontavam para uma interdependência e cooperação crescente entre os Estados? Como insistir num "sistema vaidoso de socialismo e planejamento nacional" (R. Dahrendorf) quando as "pré-condições constitucionais da política "se situavam também e até decisivamente em espaços outros diferentes do espaço autárcico nacional e estatal"? Qualquer "patriotismo constitucional" será, aqui, um sentimento débil, pois, com a recusa e rejeição, por parte dos Estados, de uma "soberania nacional" e de um "poder soberano exclusivo", também a magna carta de um país perde uma parte do seu simbolismo, da sua força normativa e do seu papel identificador. A "internacionalização" e a "europeização", no caso português, e a internacionalização e a "mercosulização", no contexto do Brasil, tornam evidente a transformação das ordens jurídicas nacionais em ordens jurídicas parciais, nas quais as constituições são relegadas para um plano mais modesto de "leis fundamentais regionais".[7] Mesmo que as constituições continuem a ser simbolicamente a *magna carta da identidade nacional,* a sua *força normativa* terá parcialmente de ceder perante novos fenótipos político-organizatórios, e adequar-se, no plano político e no plano normativo, aos esquemas regulativos das novas "associações abertas de estados nacionais abertos".

3. Incompreensões teorético-dogmáticas em torno da Constituição dirigente

Até este momento, tentámos uma "observação" dos buracos negros da chamada programaticidade constitucional. No entanto, e como prometemos no

---

[7] Cfr., por exemplo, K. Eichenberger, "Sinn und Bedeutung einer Verfassung", in *Referate zum 125 schweizerischen Juristentag,* 1991, p. 143.

início deste trabalho, os "pecados" e "maldades" apontados com justeza ao dirigismo normativo-constitucional não tolhem totalmente a razoabilidade racional do discurso jurídico-dogmático em torno da "constituição dirigente". Justifiquemos porquê.

3.1 *Constituição dirigente, liberdade, conformação do legislador e discricionariedade legislativa*

Quando Peter Lerche, nos começos da década de 60, publicou a sua notabilíssima *Habilitationschrift – Übermass und Verfassungsrecht*[8] –, a ciência do direito constitucional despertou para um problema que, se não era novo, assumia, naquela altura, uma decidida centralidade dogmática. Tratava-se de saber se o poder legislativo poderia continuar, num Estado de direito democrático-constitucional, um poder livre nos fins, ou se, pelo contrário, havia fundamentos jurídicos, teoréticos e dogmáticos para alicerçar uma doutrina dos *limites da liberdade de conformação do legislador*, ou até de uma teoria da *discricionariedade legislativa*. Nos quadros de um Estado de direito democrático-constitucional, não deixava, de facto,

---

[8] Cfr. Peter Lerche, *Übermass und Verfassungsrecht*, Köln, 1961, p. 61 e ss.

de ser estranha a unanimidade doutrinal em torno da liberdade do fim no exercício da actividade legislativa. Neste contexto, algo continuava também dogmaticamente obscurecido num sistema jurídico regido por uma constituição que, nalguns casos, fixava ou impunha vinculações teleológicas aos órgãos legiferantes, mas que, ao mesmo tempo, deixava sem qualquer remédio as omissões, silêncios ou inércias destes mesmos órgãos jurídico-teleologicamente vinculados. O esforço dogmático de Peter Lerche não tinha como pano de fundo qualquer constituição de perfil programático[9] e, muito menos, de cariz socializante. Pretendia-se, tão somente, captar a *normatividade* de algumas normas da Constituição de Bona, impositivas de deveres de acção legislativa (exemplo: artigo referente à concretização do princípio da igualdade de sexos). Consequentemente, quando alguns autores equiparam a "teoria da constituição dirigente" à ideologia social--comunista cristalizada numa constituição programática, estão a operar uma inaceitável transposição de planos. Da metodologia jurídico-constitucional saltam para a ideologia constitucional. Do esforço dogmático em torno da normatividade diferenciada

---

[9] O mesmo já não se poderá dizer da obra de Vezio Crisafulli, *La Costituzione e le sue disposizioni di principio*, Milano, 1952, p. 10 e ss.

dos vários tipos de normas e princípios retiram um propósito deliberado da revolução socialista através da lei fundamental.[10]

3.2 Constituição dirigente, tarefas do Estado, fim do Estado

A teoria da Constituição dirigente procurou associar o recorte categorial de tipos de normas constitucionais – normas-fim, normas-tarefa, imposições constitucionais – a uma teoria das *tarefas do Estado*. Também este ponto – o da articulação da normatividade jurídico-constitucional de normas-fim e normas-tarefa com a teoria das tarefas do Estado – tem sido interpretado no sentido de uma Constituição dirigente não poder deixar de ser outra coisa que um simples instrumento da estatização do mundo e da vida. Falar de Constituição dirigente é falar de tarefas do Estado; falar de tarefas do Estado equivale a legitimar um Estado-Moloc ou Leviatan. Aqui reside, porém, uma questão cuja análise mereceria aprofundamentos teóricos que não terão cabimento no contexto deste trabalho. Mas não deixaremos de equacionar o problema no seu núcleo

---

[10] Esta transposição detecta-se, a nosso ver, no trabalho do Prof. Manoel Gonçalves Ferreira Filho, atrás citado (nota n. 2).

fundamental. Este reconduz-se a estas interrogações: (1) – deve o Estado ter tarefas; (2) – essas tarefas devem ser ordenadas e conformadas pela Constituição? A discussão das tarefas do Estado num Estado-Constitucional não pode simplificar-se em termos caricaturais, como se depreende, por vezes, de alguma literatura, que quase chega à conclusão da necessidade liberal de um Estado sem tarefas. Procuremos, então, vislumbrar as respostas dadas às interrogações antecedentes.

a) Pré-ordenação do Estado em face da Constituição

O estado moderno surgiu, lógica e historicamente, como um tipo de organização básica e originária, devendo a Constituição articular-se com este modelo pré-constitucional. Como primeiro fim e o único adequado à sua essência, o Estado garante a paz e a segurança. Não compete à Constituição acrescentar constitutivamente novas tarefas a um Estado pré--constituído segundo a natureza das coisas. Isso traduzir-se-á na conversão de uma lei fundamental em instrumento introvertido e auto-suficiente de um projecto incerto e inseguro, mas progressivamente sobrecarregado com tarefas definidas e impostas a nível constitucional. Os perigos de uma teoria deste género, ultimamente defendida por Josef Isensee,[11] estão à vista: regresso a uma teoria apriorista do Estado que poderá esgrimir-se contra a constituição democrática.

b) Tarefas do Estado como tarefas constitucionais

O outro "modelo" responde à questão do Estado em sentido diametralmente oposto: é à Constituição que pertence "decidir" vinculativamente sobre as tarefas do Estado. O fundamento e a medida jurídica para o exercício de tarefas é a Constituição. Neste sentido, as tarefas do Estado são *tarefas constitucionais*. Problema diferente será o de saber se, a nível constitucional, deve formular-se um catálogo de tarefas concretas, ou se bastará reconhecer ao Estado uma competência em branco, tendencialmente geral, deixando-se à *política normal*[12] a concretização das tarefas. Um "Estado em branco" afigura-se-nos um Estado materialmente deslegitimizado.[13] Não admi-

---

[11] Cfr. Josef Isensee, "Gemeinwohl und Staatsaufgaben im Verfassungsstaat", *in* J. Isensee/P. Kirchhof, *Handbuch des Staatsrechts*, V. I, Heidelberg, pp. 591/661.

[12] Estamos a utilizar aqui a distinção entre *política constitucional* e *política normal* sugerida por Ralf Dahrendorf, *Reflexões sobre a Revolução na Europa*, Lisboa, 1993, p. 40.

[13] Cfr. R. Wahl, "Staatsaufgaben im Verfassungsrecht...", p. 30.

ra, assim, que um conhecido juspublicista alemão, P. Häberle, pudesse, recentemente, considerar a constitucionalização de normas-fim como uma característica do actual estádio de evolução das constituições estatais.[14] Dizer isto não significa aplaudir uma esgotante concretização de tarefas estatais a nível de uma lei fundamental, nem significa que o desempenho de tarefas públicas implique uma monopolização estatal dessas mesmas tarefas.

3.3 *Constituição dirigente e direito directamente aplicável*

Uma outra incompreensão teórica relacionada com a constituição dirigente é suscitada pela expressão "directamente aplicável" oriunda da Constituição de Bona e, posteriormente, transferida para os textos constitucionais de Portugal, Espanha e Brasil (art. 5.º, LXXVII, 1.º). Como é sabido, através da ideia de *direito directamente aplicável*, expressamente plas-

---

[14] Cfr. P. Häberle, "Neuere Verfassungen und Verfassungsvorhaben in der Schweiz", in *Jahrbuch des öffentlichen Rechts*, 34 (1985), p. 311; idem, "Verfassungstaatliche Staatsaufgabenlehre", *Archiv des öffentlichen Rechts* 111 (1986), p. 595 e ss. Veja-se, ainda R. Wahl, "Staatsaufgaben im Verfassungsrecht", in T. Ellwein/J. Hesse (orgs.), *Staatswissenschaften: Vergessene Disziplin oder neue Herausforderung?*, Baden Baden, 1990, p. 29 e ss.

mada no art. 1.º/3 da *Grundgesetz* (*Unmittelbar geltendes Recht*), pretende-se afirmar que a constituição se impõe como lei mesmo no âmbito dos direitos fundamentais, que, desta forma, não podem ser rebaixados a simples declarações ou normas programáticas ou, até, a simples fórmulas de oportunidade política. Todavia, a expressa afirmação da vinculatividade não significa, nem pode significar, que as normas consagradoras de direitos fundamentais excluam a necessidade de uma maior densificação operada sobretudo através da lei. Não obstante as discussões doutrinais, ainda hoje existentes, quanto à rigorosa caracterização de direito directamente aplicável, a dogmática jurídico-constitucional põe em relevo os axiomas e aporias da aplicabilidade directa:

1. Superação da doutrina da *réglémentation des libertés* enquanto doutrina legitimadora de omissões inconstitucionais e enquanto veículo de erosão da normatividade constitucional.
2. A Constituição tem, como qualquer lei, uma validade e eficácia típicas de norma jurídica.
3. A força normativa da constituição traduz-se na vinculação, como direito superior, de todos os órgãos e titulares dos poderes públicos.[15]

---

[15] Cfr., por último, M. Sachs, "Die Einteilung der Grundrechte", *in* Klaus Stern, *Das Staatsrecht der Bundesrepublik*

O problema está, não na contestação da bondade política e dogmática da vinculatividade imediata, mas no alargamento não sustentável da força normativa directa das normas constitucionais a situações necessariamente carecedoras da *interpositio legislativa*. É o que acontece, a nosso ver, com a acrítica transferência do princípio da aplicabilidade imediata, consagrado no art. 5.º, LXXVII, 1.º, da Constituição Brasileira, a todos os direitos e garantias fundamentais, de forma a abranger indiscriminadamente os direitos sociais consagrados no Capítulo II, no caso de existência de omissões inconstitucionais.

3.4 Constituição dirigente e omissões inconstitucionais

A incompreensão teorético-dogmática da aplicabilidade directa de normas constitucionais e, sobretudo, da *normatividade* da constituição, leva também muitos autores a contestar a bondade jurídico-constitucional da consagração de institutos como os da inconstitucionalidade por omissão, ou o do mandado de injunção. O problema conexiona-se com aquilo

---

Deutschland, III/1, 1988, p. 385; idem, "Normentypen im deutschen Verfassungsrecht", in *Zeitschrift für Gesetzgebung*, 6 (1991), p. 155.

a que se poderia chamar o "desencanto da lua de mel", tal como recentemente no-lo descreveu Ralf Dahrendorf. Ouçamo-lo:

> "Todas elas (as revoluções) começam com uma lua de mel – depois de obtida sem grande derramamento de sangue a vitória sobre o antigo regime – à medida que "o caminho é aberto para a regeneração, sobre a qual os homens tanto falaram e pela qual há tanto tempo anseiam".

"Nas primeiras fases e no momento crítico em que ocorre o teste de força, o antigo regime enfrenta sólida oposição. Mas a oposição é, na verdade, composta por vários grupos, nunca sendo inteiramente a simplificação exagerada de um povo unido. Isto torna-se logo evidente quando começa o "governo dos moderados". A velha oposição esfacela-se; jamais consegue realmente combinar a tarefa de construir uma nova constituição com a de governar; alguns radicais começam a alegar que os moderados traíram a revolução e não estão a ir suficientemente longe".[16]

Condensam-se nestas linhas alguns dos problemas levantados pela hipertrofia de imposições constitucionais. Elas são, muitas vezes, expressão mais de

---

[16] Cfr. Ralf Dahrendorf, *Reflexões sobre a Revolução na Europa*, cit., p. 15.

uma "ética de convicção" do que de uma "ética de responsabilidade prática", e, por isso, a consequência será a da grandiloquência nas palavras e a da fraqueza dos actos. Os constituintes moderados aceitam, no momento fundacional, compromissos emancipatórios semanticamente formulados, mas não acreditam neles nem tencionam levá-los à prática. Isto só demonstra, porém, duas coisas. Em primeiro lugar, revela que é preciso parcimónia normativa quanto à positivação constitucional de imposições. Em segundo lugar, torna-se necessário assegurar a *externalização* das acções constitucionais tendentes a assegurar o cumprimento da constituição. Diferentemente do que acontece hoje com as propostas de certos quadrantes políticos em Portugal, o instituto da inconstitucionalidade por omissão deve manter-se, não para deslegitimar governos e assembleias inertes, mas para assegurar uma via de publicidade crítica e processual contra a constituição não cumprida.

4. Desenvolvimento constitucional e identidade reflexiva

4.1 *Esclarecimentos conceituais*

Abordaremos, agora, um último ponto, porventura aquele que está perto das vossas inquietações. Refiro-me ao problema da revisão da Constituição, tendo especialmente em conta os problemas já referidos da programaticidade constitucional. Como discutir, porém, perante este auditório crítico a revisão da magna carta, sem cair na rotulação azeda de defensor dos interesses do "Centrão" ou de ser acusado de apologeta do dogma tingido de trabalhismo da "longa marcha através das instituições"? Confesso que não estou certo de poder conversar convosco no "estilo de mesa redonda". Procurarei, isso sim, transmitir alguma serenidade dialógica ao discurso, carreando, simultaneamente, dados da nossa experiência constitucional e sugestões dogmáticas. Como instrumentos dogmáticos adiantarei já os seguintes.

a) Revisão, desenvolvimento constitucional e identidade reflexiva

Qualquer constituição possui um núcleo de identidade aberto ao desenvolvimento constitucional. Entendemos por *núcleo de identidade* o conjunto de normas e princípios estruturantes de uma determinada ordem jurídico-constitucional. *Desenvolvimento constitucional* significa o conjunto de formas de evolução da constituição (nova compreensão dos princípios, propostas interpretativas, alargamento da disciplina constitucional a novos problemas). A articulação da identidade com desenvolvimento constitucional leva-nos ao conceito de *identidade reflexiva* que significa a capacidade de prestação da magna carta constitucional face à sociedade e aos cidadãos.[17]

b) Cláusulas de intangibilidade (cláusulas pétreas) e identidade

Algumas vezes, como é sobejamente conhecido, as constituições procuram garantir a sua identidade através de cláusulas de intangibilidade, ou, como sugestivamente se diz aqui no Brasil, *cláusulas pétreas*. Não iremos discutir agora a "bondade" ou "maldade" de tais cláusulas nem o delicado problema de saber se elas estão subtraídas ao poder de revisão. Sempre se adiantarão dois pontos importantes para a inteligibilidade do nosso discurso:

1. as cláusulas de irrevisibilidade garantem apenas a intocabilidade dos regimes materiais, mas não preceitos constitucionais concretos respeitantes a determinadas matérias;
2. as cláusulas materiais expressas de irrevisibilidade só devem considerar-se como respeitantes

---

[17] Adaptamos no texto o conceito de reflexão de N. Luhmann. Cfr. N. Luhmann "Selbstreflexion des Rechtssystems", in *Rechtstheorie*, 1979 p. 159 e ss. Cfr. também, Martin Morlok, *Was heisst und zu welchem Ende studiert man Verfassungstheorie?* Berlim, 1988, p. 166.

ao núcleo de identidade quando tiverem *correspondência* no próprio texto da constituição e disserem inequivocamente respeito à própria "essência" da constituição.

4.2 Desenvolvimento constitucional e cláusulas de metanarratividade

De acordo com as sugestões anteriores, parece-nos perturbar a identidade reflexiva – capacidade de prestação – de uma Constituição e impedir um desenvolvimento constitucional a inserção de fórmulas de narratividade emancipatória. Estas fórmulas condensam mais uma filosofia unidimensional da história do que medidas e directivas para o reforço de normatividade da Constituição. Neste sentido, parece-nos ter andado bem o "legislador de revisão" português, quando eliminou da Constituição Portuguesa de 1976 fórmulas pretensamente emancipatórias (exemplos: "transição para o socialismo", "exercício democrático do poder pelas classes trabalhadoras", "garantia do processo revolucionário", "desenvolvimento pacífico do processo revolucionário"). Embora sem querer embrenhar-me na "polémica constituinte" do Brasil, tenho algumas dúvidas – até por experiência própria – sobre a razoabilidade da permanência de *sujeitos históricos* direta ou indiretamente portadores da mensagem emancipatória (exemplo: proibição do pluralismo sindical, tal como se afirma no art. 8.º/1, da Constituição brasileira).

4.3 Desenvolvimento constitucional e políticas públicas de direitos fundamentais

Não obstante as reticências – ideológicas, doutrinais e jurídico-constitucionais – relativamente a inserção de um catálago de direitos económicos, sociais e culturais na magna carta de um país, sempre entendemos que o livre desenvolvimento da personalidade e a defesa da dignidade da pessoa humana postulam, ética e juridicamente, a positivação constitucional dos chamados "direitos sociais". Mas, uma coisa é recortar juridicamente um catálogo de direitos da terceira geração e, outra, fazer acompanhar a positivação dos direitos de um complexo de imposições constitucionais tendencialmente conformadoras de *políticas públicas* de direitos económicos, sociais e culturais. Assim, e para dar um exemplo, se é para nós indiscutível a consagração constitucional de um direito de acesso a todos os graus de ensino, já é problemático plasmar, na constituição, a "gratuidade" do acesso a todos os graus de ensino, não só porque isso pode rigidificar demasiadamente a política pública de ensino, mas também porque pode lançar a Constituição nas querelas dos "limites do estado social" e da ingovernabilidade". Acresce que a consagração de certos postulados – a gratuidade de todos os graus de ensino – pode apontar para soluções claramente em dessintonia com a própria mensagem emancipatória que justificou a sua inclusão no texto constitucional.

4.4 *Desenvolvimento constitucional e constitucionalismo moralmente reflexivo*

Vamos terminar, descodificando a mensagem que tínhamos anunciado no começo da nossa conversa. Essa pode resumir-se da forma seguinte: a teoria da Constituição deverá continuar a ser uma instância crítica de um *constitucionalismo reflexivo* que evite duas unilateralidades:

1. o peso do discurso da metanarratividade, que, hoje, só poderia subsistir como relíquia da má utopia do sujeito do domínio e da *razão emancipatória;*
2. a desestruturação moral dos pactos fundadores, escondida, muitas vezes, num simples esquema processual da *razão cínica* económico-tecnocrática.

Em termos práticos, perguntar-se-á quais são as linhas de força deste constitucionalismo reflexivo? A resposta, formulada em termos necessariamente breves, poderá basear-se nas seguintes sugestões.

a) Constitucionalização e "desmoralização da liberdade"

Uma constituição – desde logo pela sua gênese histórica e política – se não pode ser hoje um documento sagrado ou um condensado de políticas, tem de continuar a fornecer as *exigências constitucionais mínimas* (*constitutional essential,* nas palavras de Rawls), ou seja, o complexo de direitos e liberdades definidoras das cidadanias pessoal, política e económica, intocáveis pelas maiorias parlamentares. Aqui, o *dito constitucional* é uma dimensão básica da *legitimidade moral e material*, e, por isso, um elemento de garantia contra a deslegitimação ética e contra a desestruturação moral de um texto básico através de desregulações, flexibilidades, desentulhos e liberalizações.

b) Constitucionalizações e teoria da justiça

Uma constituição deve estabelecer os fundamentos adequados a uma *teoria da justiça,* definindo as estruturas básicas da sociedade sem se comprometer com situações particulares. Todavia, e tendo sobretudo em conta o incumprimento do próprio projecto da modernidade em alguns países, a Constituição não teria de incorporar um projecto emancipatório sob a forma de "constitucionalização dos excluídos", mas uma teoria da justiça edificada sobre a indiferença das condições particulares. A nosso ver, uma completa desregulação constitucional dos "excluídos da justiça" legitima uma separação crescente dos *in* e dos *out* e não fornece qualquer arrimo à integração da marginalidade. Precisamente por isso, as "ilhas de particularismo", detectadas em algumas constituições – mulheres, velhos, crianças, grávidas, trabalhadores –, não constituem um desafio intolerável ao "universal" e ao "básico", típico das normas constitucionais. Exprimem, sim, a indispensabilidade de refracções morais ao âmbito do contrato social constitucional.

c) Constitucionalismo moralmente reflexivo através da mudança da direcção para a contratualização

Um dos desafios com que se defronta este constitucionalismo moralmente reflexivo consiste na substituição de um direito autoritariamente dirigente, mas ineficaz, através de outras fórmulas que permitam completar o projeto da modernidade – onde ele não se realizou – nas condições complexas de pós-modernidade. Nesta perspectiva, certas formas já apontadas de "eficácia reflexiva" ou de "direcção indirecta" – subsidiariedade, neocorporativismo, delegação – podem apontar para o desenvolvimento de instrumentos *cooperativos* que, reforçando a eficácia, recuperem as dimensões justas do *princípio da responsabilidade*, apoiando e encorajando também a dinâmica da sociedade civil. Além disso, devem considerar-se superadas as formas totalizantes e planificadoras globais abrindo o caminho para acções e experiências locais (princípio da relevância) e dando guarida à diversidade cultural (princípio da tolerância). No fim de contas, o projecto emancipatório das constituições vai continuar num contexto outro e através de instrumentos regulativos diferentes. A lei dirigente cede o lugar ao *contrato*, o espaço nacional alarga-se à transnacionalização e globalização, mas o ânimo de mudanças, aí, está de novo nos "quatro contratos globais". Referimo-nos ao *contrato para as "necessidades globais"* – remover as desigualdades –, o *contrato cultural* – tolerância e diálogo de culturas –, *contrato democrático* – democracia como governo global –, e *contrato do planeta terra* – desenvolvimento sustentado.[18] Se assim for, a

---

[18] Retirámos estas ideias da obra colectiva recentemente publicada em Lisboa, *Limites à competição*, Lisboa, 1994.

constituição dirigente fica ou ficará menos espessa, menos regulativamente autoritária e menos estatizante, mas a mensagem subsistirá, agora enriquecida pela *constitucionalização da responsabilidade*, isto é, pela garantia das condições sob as quais podem coexistir as diversas perspectivas de valor, conhecimento e acção.[19]

---

[19] Cfr., K. V. Preuss, *Revolution, Fortschritt und Verfassung*, cit., p. 86 e ss.

ESTADO PÓS-MODERNO
E CONSTITUIÇÃO SEM SUJEITO

1.º

O Estado com adjectivos
Constituição com adjectivos

Basta um breve relance de olhos pela vasta literatura jurídica, política e económica relacionada com o Estado para verificarmos esta intriga: o Estado não está só. Tem sempre o acompanhamento de adjectivos. À guisa de um curto inventário, apresentamos algumas adjectivações: "estado subsidiário", "estado sobrecarregado", "estado dispensador de serviços", "estado activo", "estado económico", "estado-arena", "estado desobediente", "estado aberto", "estado cooperativo", "estado protector", "estado garantidor", "estado desfronteirizado", "estado internacional", "estado cosmopolítico", "estado ponderador", "estado cooperativo", "estado ecológico", "estado argumento", etc. Pela lista assim esboçada, poderemos ver que nem sequer a sobrecarregámos com adjectivos tradicionais, como "estado de direito", "estado democrático", "estado autoritário", "estado social", "estado liberal", "estado intervencionista", "estado socialista", "estado unitário", "estado regional", "estado federal", "estado republicano", "estado nação".

Quando vemos o Estado cercado de adjectivos, talvez se possa dizer o que Carl Schmitt afirmou acerca da Constituição. Mais ou menos isto: um Estado carecedor de adjectivos indicia um claro mal--estar do próprio Estado. Parece não ter substância. Apela a algumas qualidades. É tudo e nada. É uma fórmula *passepartout*. Não tem ADN. Precisa de impressões. Já não é grito de batalha. É um argumento. De categoria política passa a *topos* argumentativo. Será assim? Ousemos fazer uma provocação: diz-me o adjectivo do Estado e eu dir-te-ei que Estado tens ou queres. Eis o mote, eis o argumento, eis a ponderação que nos acompanhará nos desenvolvimentos subsequentes.

O que acaba de ser dito em relação ao Estado talvez possa também afirmar-se a respeito da Constituição. Vejamos: "constituição potável", "constituição culinária", "constituição programa", "constituição-carta", "constituição fechada", "constituição--código", "constituição dirigente", "constituição compromissória", "constituição-cidadã", "constituição-processo".

Prima facie, também a Constituição anda à procura de qualidades. No começo não está o verbo, mas sim o adjectivo. A Constituição, em si, não diz nada. Precisa de um arrimo qualificativo. Tal como o Estado. Ousaremos fazer uma segunda sugestão retórica: juntemos constituição e estado para ver se se amparam uma ao outro. Talvez os adjectivos do Estado façam luz sobre as qualidades da Constituição, talvez os qualificativos de constituição adiantem alguma coisa sobre os atributos do Estado.

2.º

Tanto Estado quanta Constituição

Vamos discutir alguns problemas da Constituição a partir do Estado. É certo que a doutrina dominante, hoje, analisa o Estado a partir de uma Constituição democraticamente legitimada. A fórmula de Peter Häberle é sistematicamente repetida: "tanto Estado quanta Constituição"[1]. "Tal Constituição, tal Estado", o "Estado segundo a Constituição", eis a postura jurídico-política e jurídico-metodológica que

---

[1] Cfr. P. Häberle, *Verfassungslehre als Kulturwissenschaft*, 2.ª ed., Berlin, 1998, p. 620. Por último, cfr. K. Sobota, *Der Prinzip Rechtsstaat*, 1997, p. 30 ss.

se considera adequada ao Estado Constitucional. Também a iremos utilizar neste trabalho, desde logo porque é a partir da identidade Constituição-Estado que uma parte da doutrina brasileira critica as nossas teses de relativização do dirigismo constitucional[2]. Embora nem sempre expressamente formuladas, as críticas parecem subentender as seguintes ilações:

(1) – dizer que a Constituição dirigente morreu significa afirmar que morreu o Estado dirigente ("o Estado Social", "o Estado intervencionista");

(2) afirmar que a Constituição dirigente morreu equivale a dizer que o Estado fica sem programa económico e social (o que equivale à dessubstancialização do próprio Estado);

(3) proclamar a morte da Constituição dirigente implica proclamar a morte dos estados nacionais concretamente configurados por essa Constituição, em favor de "constelações pós--nacionais" (um estado, um povo);

(4) abandonar a ideia de Constituição dirigente é abandonar a ideia moderna da conformação da política, do desenvolvimento e dos direitos

---

[2] Cfr., por último, a notável tese de Lenio Luis Streck, *Jurisdição Constitucional e Hermenêutica*, Porto Alegre, 2002, p. 122 ss., em que analisa o chamado "Canotilho II".

em troca de um evolutivismo-conservadorismo sistémico-liberal;

(5) sepultar a força dirigente de uma constituição feita a partir de ideias-esperança, sacrifícios-emancipadores, gritos de alma-justiça corresponde a lançar para debaixo da terra as conquistas civilizatórias "do Estado de Direito democrático e social";

(6) desertar de uma teoria da Constituição dirigente implica o abandono de uma teoria da constituição adequada aos países da modernidade tardia ("com promessas de modernidade incumprida");

(7) trocar o dirigismo normativo-constitucional por um regulativismo privatista neoliberal conduz ao abandono de políticas públicas e da respectiva implementação;

(8) se a Constituição dirigente é uma constituição afeiçoada às "especificidades histórico-factuais de cada Estado Nacional", isso significa que ela é também o símbolo de um "patriotismo nacional-constitucional" que está antes e acima do constitucionalismo cosmopolita e transnacional.

A associação de Estado e Constituição, Constituição e Estado, é, de resto, claramente afirmada pelos nossos interlocutores brasileiros. Lenio Luis Streck, na peugada de outros autores, afirma isso com incisividade: "uma tal teoria de Constituição dirigente não prescinde de uma teoria do Estado, apta a explicitar as condições de possibilidade da implantação de políticas de desenvolvimento constantes – de forma dirigente e vinculativa – no texto da Constituição"[3].

3.º
Representações do Estado e da Constituição

Como conversar com os parceiros de diálogo brasileiros? O primeiro ponto de ordem terá, em minha opinião, de ser colocado da seguinte forma: quais as representações ou imagens do Estado e da Constituição que transportamos para a controvérsia? E quais as funções explícita ou implicitamente acopladas a essas representações? O esclarecimento prévio deste ponto servirá, desde logo, para afastar alguns mal-entendidos.

As "imagens" e representações do Estado e da Constituição são, como sabemos, "construções inte-

---

[3] Assim, textualmente, Lenio Luis Streck, *Jurisdição Constitucional e Hermenêutica*, cit., pag. 113.

lectuais" e não "descrições da realidade"[4]. Devidamente contextualizadas, elas transportam, desde logo, um ímpeto político-ideológico particularmente forte. No caso concreto do Brasil, a dimensão política da "constituição dirigente" tem uma força sugestiva relevante, quando associada à ideia de estatalidade que, em princípio, se supõe lhe estar imanente. Referimo-nos à estatalidade articulada com o projecto da modernidade política. Este projecto, sucessivamente implementado, respondeu a três violências ("triângulo dialéctico") através da categoria político--estatal. Respondeu à falta de segurança e de liberdade, impondo a ordem e o direito (o Estado de direito contra a violência física e o arbítrio). Deu resposta à desigualdade política, alicerçando liberdade e democracia (Estado democrático). Combateu a terceira violência – a pobreza – mediante esquemas de socialidade. A "Constituição dirigente" permanecia o suporte normativo do desenvolvimento deste projecto de modernidade. Ora, quando alguns estados ainda não resolveram o combate às três violências – física, política e social –, não se compreende nem o eclipse do Estado de direito, democrático e social, nem a dissolução da sua valência normativa (o constitucionalismo dirigente, demo-

---

[4] Seguimos H. Munkler, *Politische Bilder, Politik der Metaphern*, 1994, p. 34.

crático e social). Colocada assim a questão, compreendemos as angústias dos autores de países de "modernidade tardia". A Constituição dirigente desempenhará uma função de compreensão incontornável relativamente às *tarefas do Estado* ("Estado Social", Estado ecológico", "Estado de saber"). Mas não só. Recortam-se, igualmente, os *instrumentos* (e os métodos!) para a prossecução destas tarefas (políticas públicas de ensino, trabalho, saúde, segurança social)[5].

A síntese político-constitucional da modernidade que acaba de ser feita em brevíssimas palavras é indispensável à compreensão da concordância na discordância com alguns interlocutores brasileiros. Poderemos continuar a afivelar a máscara do cidadão da modernidade e a defender a bondade material do seu projecto.

4.º

Constituição dirigente e patriotismo constitucional

Tomando na devida conta as críticas devidas ao abandono da teoria da constituição dirigente,

---

[5] Veja-se, por exemplo, A. Vosskühle, "Der Dienstleistungsstaat", in *Der Staat*, 2001, p. 504.

parece-nos vislumbrar, em algumas delas, certos laivos de *nacionalismo republicano de esquerda* e de *patriotismo constitucional*. Pelo menos na sua visão francesa, os nacionais-republicanos recusam as "constelações pós-nacionais", verberam o republicanismo cosmopolita, exaltam as comunidades existentes (por exemplo, a nação historicamente forjada), desconfiam de categorias políticas intelectuais, frias e abstractas (ex.: a democracia processual). Recolhendo uma formulação de N. Luhmann (mas feita noutro contexto), os estados e as nações têm a vantagem imbatível de terem nome como as pessoas[6]. É nesta onda que navega o corifeu dos republicanos de esquerda, Jean Pierre Chevénement: "Si la France est une personne, L'Europe, celle, n'est qu'une chose".

Relativamente ao patriotismo constitucional, diríamos que ele pressupõe, antes de mais, o *patriotismo jurídico*[7]. Mais do que um patriotismo geográfico impõe-se o patriotismo traduzido na outorga de personalidade jurídica a uma nação, conferida pela Constituição Política.

---

[6] Cfr. N. Luhmann "Staat und Staatsräson im Übergang von traditionaller Herrschaft zu moderner Politik", in *Gesellschaftstruktur und Semantik*, 1989, Vol. III, p. 346.

[7] Tal como C. Nicolet, *L'idée républicaine en France* (1789-1924), Paris, 1982. Por último, ver Jean-Marc Ferry, *La Question de l'État européen*, Paris, 2000, p. 161 ss..

A diferença entre as nossas posições e algumas apreciações críticas radica na diferença que vai do patriotismo jurídico ao *patriotismo constitucional*. Este vai além do reconhecimento de uma identidade nacional. Há outros sujeitos, diferentes dos cidadãos nacionais, como os indivíduos, os grupos e as nações, dentro de outras comunidades mais vastas, capazes de dar corpo a um estado cosmopolita integrado em constelações políticas pós-nacionais. Radica aqui, como se intui, um fragmento de dissenso. Vejamos porquê.

Em primeiro lugar, o republicanismo jurídico de esquerda é um republicanismo histórico com laivos comunitaristas. Não obstante a existência de diferentes perspectivas comunitaristas[8], parece razoável descobrir um denominador comum a todas elas. Estamos a pensar na tendencial justaposição de comunidade moral e de comunidade legal. Isto leva a consequências teórico-constitucionais que estamos longe de sufragar. Implícita ou explicitamente, o Estado e a Constituição pressupõem uma *melhor teoria da Constituição,* aferida segundo padrões de complexidade moral[9]. A "Constituição dirigente" não

---

[8] Cfr. W. Brugger, "Kommunitarismus als Verfassungstheorie des Grundgesetzes" in *AöR*, 123 (1998), p. 338 ss:

[9] Veja-se, por exemplo, Ulrich Haltern, "Kommunitarismus und Grundgezetz. Überlegungen zu neueren Entwicklungen in der deutschen Verfassungstheorie" in *KritV*, 2//2000, p. 177.

é a melhor teoria da Constituição de uma comunidade assente numa imposição de valores, mais ou menos comunitariamente partilhados. É uma proposta de conformação normativa da política; não é um código moral do "bem" e do "mal" de uma comunidade. Dirigismo constitucional e demonologia constitucional não se casam bem.

Em segundo lugar, a Constituição dirigente não afasta a ideia liberal e kantiana do republicanismo constitucional cosmopolita. Por outras palavras: à versão do republicanismo comunitarista preferimos a versão kantiana. Não deixamos, porém, de compreender algumas posições críticas, como a do Professor Paulo Bonavides[10], em torno de uma "Constituição dirigente cidadã". O decidido assomo republicano da "virtude cívica" leva-o a comungar com algumas teses de comunitarismo republicano, excelentemente sintetizadas por J. G. A. Pocock, na nota prévia à edição francesa do *Le Moment Machiavéllien*[11]: «Ceux qui invoquent aujourd'hui cette modernité sont les chantres du post-modernisme, c'est à dire, de cette forme de la perte de la citoyen-

---

[10] Cfr. Paulo Bonavides "Garcia-Pelayo e o Estado Social dos Países em Desenvolvimento: o caso do Brasil", in *Constitución y Constitucionalismo Hoy*, Caracas, 2000.

[11] Cfr. J.G.A. Pocock, *Le Moment Machiavellien*, Paris, 1997, p. LVII.

neté qui nous afecte aujord'hui à mesure qui la Souveraineté et la nation disparaissent sous le régime polymorphe du marché».

5.º
Teoria da Constituição e do Estado Economicizado

Outro dos pontos em discussão, na teoria da Constituição dirigente, liga-se à socialidade estatal. O "dirigismo constitucional" pressupõe um Estado Social, com políticas e um severo caderno de imposições económicas, sociais e culturais. Daí que o abandono da teoria da Constituição dirigente signifique, para muitos, o desaparecimento do Estado socialmente programador.

Os receios seriam justificados perante as inúmeras sugestões de transformação das estruturas internas do Estado. Todas elas apontam para a necessidade de um Estado mais "elegante" e mais conforme com o mercado. Fala-se (e teoriza-se a este propósito) de um "estado economizado" e de um "estado dispensador de serviços"[12]. Como o próprio adjectivo insi-

---

[12] Cfr. M. Wallerath, "Der ökonomisierte Staat", in *Juristenzeitung*, 2001, p. 209 ss; A. Vosskühle, "Der Dienstleistungsstaat", in *Der Staat*, 2001, p. 495 ss.

nua, o "estado economizado" é um "estado economizador" segundo os paradigmas da racionalidade económico-privada. O Estado Social deve sujeitar-se a uma terapia adequada. Há que substituir, em primeiro lugar, o *big government* do estado de bem-estar por um estado "reduzido" e "elegante". Para isso ser possível, os inúmeros serviços e administrações estatais, caros e ineficientes, devem ser substituídos por esquemas privados empresariais. Mas mais do que isso. Os próprios instrumentos de direcção e organização económico-privados revelam operacionalidade suficiente para serem introduzidos na máquina estatal.

O chamado *New-public-management* será a via para a modernização do estado e da respectiva reforma da administração. Esta modernização do Estado implicará a "desconstrução" do sector público estatal. Num plano macro-económico, a viragem "economizadora" aponta para uma clara mudança na compreensão do Estado. Desde logo, a nível simbólico. O "Estado Social" é um "mito", um "feitiço", uma "bruxaria" que deixou de manipular artes mágicas capazes de o fazer sair da bancarrota e da ineficiência. Estado "desmistificado" e "desfeiticizado"[13] precisa-se.

---

[13] Traduzimos, um pouco literalmente, o título do conhecido livro de Helmut Wilke: *Die Entzauberung des Staates*, 1983.

A "desmistificação" do Estado Social, mais do que o desfazer de mitos, significa uma decidida mudança de *paradigmas*. O paradigma jurídico-político, ainda hoje dominante na maior parte das análises e compreensões do Estado, deverá ser substituído pelo paradigma económico, prevalecente nas teorias económicas, mas insuficientemente testado no domínio da teoria do Estado[14]. No plano da análise micro-económica, o paradigma económico obrigará a uma revolução da organização interna da administração pública, através de esquemas de *management* e orçamentação privados. Numa palavra, o "código económico" imporá a revogação do "código constitucional". Não "Estado máximo" mas "Estado mínimo", não "dirigismo estatal" mas apenas "supervisão", não voluntarismo político mas racionalidade económico-decisória, não retórica política mas resolução económica de problemas concretos.

O desafio vai mais longe e chega mesmo à questão central da justificação do *Estado* e da *Constituição*. O regresso às doutrinas de justificação contratualista desafia as categorias centrais de Estado e de Cons-

---

[14] É significativo que M. Wallerath, "Der ökonomisierte Staat", cit., faça acompanhar o título do artigo por um subtítulo: "Zum Wettstreit zwischen juridisch-politischen und ökonomischen Paradigma" (Para a discussão entre o paradigma jurídico-político e o económico).

tituição. Com efeito, a fundamentação e justificação das regras directivas, tal como ela é desenvolvida pela economia político-constitucional, parece apontar para a superação quer da "mistificação do Estado" quer da "sacralização da Constituição"[15]. Se o Estado se "deseconomiciza", o mesmo acontecerá à sua Constituição. Em crise ficarão os tipos de Constituição com mais carga económica, ou seja, as constituições programáticas dirigentes. Chegados aqui, há quem proclame a morte do "Estado Social" e da "Constituição Social". Aquele e esta significam a intromissão em sistemas autónomos. Pretendem "irritar" sistemas com operacionalidades diferentes, e, por isso, revelam-se hoje claramente disfuncionais no contexto "policontextual" de diferenciação de Sistemas. Mais adiante, tomaremos posição crítica quanto a este ponto. Mas, se o "Estado Social" e a "Constituição Social" passam, que Estado e que Constituição ficam? Estado "pós-heróico"? "Constituição pós-heróica"? Vejamos.

---

[15] Ver a análise de H. Hofmann, «Von der Staatssoziologie zu einer Soziologie der Verfassung?», in *Juristenzeitung*, 1999, p. 1069.

6.º

Estado Supervisor
e Constituição pós-heróica

Outra das interrogações subjacentes à degradação da Constituição dirigente em Constituição dirigida pode formular-se assim: se a Constituição, entendida como valência normativa do Estado intervencionista, não dirige, quem é que, afinal, dirige a sociedade? Alguns dos nossos críticos vêem na relativização do dirigismo constitucional uma manifestação do pessimismo dirigente inequivocamente vinculado às teses autopoiéticas. Apreciemos esta objecção.

Em que é que consiste a direcção em política? Em termos próximos dos utilizados pelos cultores da ciência política, amigos de uma perspectiva accionista ("perspectiva de actor"), direcção política é a conformação, concepcionalmente orientada, do mundo ambiente social através de instâncias políticas[16]. Um tal conceito (e uma tal possibilidade de

---

[16] Cfr., por exemplo, Renate Mayntz, "Funktionelle Teilsystem in der Theorie soziales Differenzierung", in Bernd Rosewitz, Uwe Schimark, Rudolf Stichweh, *Differenzierung und Verselbständigung. Zur Entwicklung gesellschaftlicher Teilsysteme*, Frankfurt, New York, 1997; "Politische Steuerung und gesellschaftliche Steuerungsproblem", in *Jahrbuch zur Staats- und Verwaltungswissenschaft*, Vol. I, 1997, p. 89 ss.

direcção política) é decididamente rejeitada pelos autores localizados nos quadrantes teoréticos da *autopoiesis*, a começar por Luhmann. A tese, em termos simplificados, poderá formular-se assim: não existe direcção política da sociedade, mas apenas, e quando muito, uma autodirecção da política. Em termos apodícticos, proclama-se, pois, a impossibilidade de uma direcção política, sobretudo quando ela se concebe como uma conformação finalista e planificável da sociedade.

Mesmo que alguns dos postulados autopoiéticos mereçam atenção séria, estamos aqui decididamente afastados do pessimismo directivo luhmanniano. Dentro dos quadrantes teóricos da *autopoiesis*, claramente se compreendeu que uma sociedade funcionalmente diferenciada é também uma *sociedade de organização e das organizações*. Ora, as organizações actuam como actores corporativos. O pessoal dirigente de tais organizações ou sistemas corporativos age como se fosse representante desses sistemas. Mas não só. De forma aguda e incisiva, Helmut Wilke assinalou que o sistema político deve contribuir para a sua autodirecção e para o reforço da capacidade reflexiva dos sistemas sociais. Neste contexto, mantêm-se as pretensões de direcção do Estado. Mas, com uma grande diferença: em vez do velho "estado heróico", hierarquicamente intervencionista, deve erguer-se o "Estado pós-heróico" – o Estado supervisor – que, através de uma direcção contextualizada (ou seja, através de uma autovinculação), proporciona, mas não determina, as convenções-quadro para a prossecução do bem comum[17].

Mesmo nesta perspectiva, é de perguntar se a definição do bem comum, mediante uma direcção contextualizada, assente na interacção de sistemas funcionais diferenciados, não continua a tomar como ponto de partida a ideia autopoiética de que o sistema político só tem ressonância nas ondas da sua própria frequência. É que, se a diferenciação de sistemas está ainda insuficientemente desenvolvida, como erguer a sujeito de direcção a "interacção de sistemas"?

No fundo, a interacionalidade das organizações dinamiza a auto-referencialidade dos sistemas, mas acaba por criar também um sujeito típico do idealismo objectivista. Se estas considerações estão correctas, então, a "Constituição Dirigente" dificilmente se transformará em "Constituição pós-heróica", seguindo o destino do "Estado pós-heróico ou supervisor". Desde logo, como se irá ver em seguida, há que ter em conta a politicização *fundamental da sociedade*.

---

[17] *Vide*, por último, Helmut Willke, *Supervision des Staates*, Frankfurt/M, 1997.

7.º

Diferenciação do político e politização fundamental da sociedade

É difícil sustentar teorias autopoiéticas num contexto, como o brasileiro, em que parece observar-se aquilo a que Michael Grewen, na senda de Ulrich Beck, chamou, recentemente, *sociedade política*[18]. Esta sociedade caracterizar-se-ia por uma *politização fundamental*, em que a política é o mecanismo central da auto-regulação da sociedade e em que tudo, por via de princípio, é susceptível de decisão política. Não há tema nem domínio da sociedade imune à politização, à decisão política. Vivemos numa *sociedade política*. Há cerca de dez anos, um conhecido politólogo, Klaus Von Beyme, crismou esta concepção de sociedade política e da inerente politização fundamental de "schmittianismo de esquerda"[19].

A "politização fundamental" da sociedade política defronta-se, porém, com outras pretensões de fundamentalidade. Desde logo, *economicização funda-*

---

[18] Cfr. Th. Michael Grewen, *Die politische Gesellschaft. Kontingenz und Dezision als Probleme des Regierens und der Demokratie*, Opladen, 1999; U. Beck, *Die Erfindung des Politischen. Zu einer Theorie reflexiver Modernisierung*, Frankfurt/M, 1993.

[19] *Vide* Klaus von Beyme, *Theorie der Politik im 20 Jahrhundert. Von der Moderne zur Postmoderne*, Frankfurt/M, 1991, p. 392.

mental, pois, mais do que nunca, a sociedade esteve tão economicizada. Tudo é economia, tudo é dinheiro, tudo é mercado, tudo é cliente. Mas não só. Tudo é ciência. Assiste-se à *cientificização fundamental*. E assim sucessivamente: *mediatização fundamental, pedagogização fundamental, psiquiatrização fundamental, religiosização fundamental*[20]. Circunscrevendo-nos ao nosso tema, avançaríamos com a *constitucionalização fundamental*.

Chegados aqui, o problema a colocar é este: a estrutura das sociedades modernas (e pós-modernas) é melhor captada por uma *teoria da diferenciação* de sistemas sociais em que cada sistema funcional é tendencialmente autónomo, ou por uma *teoria de indiferenciação* assente numa ordem politicamente captada? Como se sabe, a resposta autopoiética (na versão luhmanniana) é esta: a política só pode resolver problemas políticos. O sistema político não pode encontrar soluções políticas para problemas que não são políticos, mas sim económicos, científicos, religiosos, etc. Basta uma suspensão reflexiva em torno das constituições programáticas dirigentes dos nossos

---

[20] Estas fundamentalizações são exactamente escalpelizadas por Arin Nassehi, "Funktionale Differenzierung revisited. Vom Setzkasten zur Echtzeitmaschine", in Eva Barlösius, Hans-Peter Müller, Steffen Sigmund (org.), *Gesellschaftsbilder im Umbruch*, Opladen, 2001.

estados constitucionais democráticos para verificarmos que o dirigismo programático pressupõe, de certo modo, uma *constitucionalização fundamental* da sociedade. Os problemas económicos, sociais, científicos, são, simultaneamente, problemas constitucionais susceptíveis de conformação e resolução através de decisões político-constitucionais vinculativas das decisões tomadas pelo poder político. Eis o nó górdio da questão. Confessamos que não o podemos desatar com facilidade. Em primeiro lugar, a constitucionalização fundamental subjacente à ideia de constitucionalização programático-dirigente transporta duas dimensões onde se juntam "bondades" e "maldades" jurídicas e político-constitucionais: (1) a crença na política é uma fé (boa) na capacidade de transformação-evolução da sociedade, mas corre o risco de se converter numa ocupação totalizante (má) da sociedade pela política; (2) a reabilitação da política da sociedade veiculada pela constitucionalização fundamental abre a possibilidade de intensificação da cidadania através da participação política (bondade), mas o activismo dos actores políticos não significa necessariamente a capacidade de solução concreta dos problemas económicos e sociais, correndo-se o risco de os "buracos negros" da miséria serem cada vez maiores (maldade) apesar da movimentação política.

Em segundo lugar, o Estado constitucional ocidental alicerçou, ele próprio, progressivamente, as premissas da diferenciação funcional dos sistemas sociais. O "direito mãe" (tolerância religiosa, primeiro, e liberdade de crença e religião, depois) diferenciou o sistema político do sistema religioso (separação Estado-Igreja). A separação entre Estado e Sociedade contribuiu para a diferenciação do sistema político e do sistema económico. A própria constitucionalização do poder aponta para a diferenciação do sistema jurídico e do sistema político (a expressão "Estado de Direito" postularia esta diferenciação). Parece indiscutível que estas diferenciações funcionais propendem a favorecer as traves mestras da "sociedade mundial" ("globalização", "mundialização"). A pretensão da universalidade deste modelo diferenciador, estruturado em sistemas funcionais autónomos que apenas se irritam reciprocamente, não pode invocar, na realidade, um valor e validade universais. Como Niklas Luhmann virá a reconhecer, existem regiões em que as premissas de diferenciação de sistemas sociais só em medida muito limitada se verificam. E cita mesmo o caso do Brasil, para ilustrar que a evolução liberal do Estado Constitucional se realizou, aqui, em termos largamente simbólicos. Pior do que isso: o Estado tornou-se, nalgumas épocas, instrumento de uma elite governante (militar, económica) que dirigiu "inconstitucionalmente" a Sociedade[21]. A articulação da Constituição-ambiente (mundo que cerca a Constituição) implicará, possivelmente, nestes casos, uma politicização fundamental, própria das constituições dirigentes que, entre outras coisas, pretenderá restabelecer um quadro político de visibilidade, transparência, imputação e responsabilidade para as decisões políticas colectivamente vinculantes. E onde não há (ainda) diferenciação de sistemas, a política da sociedade dificilmente se poderá limitar a decisões políticas quimicamente puras.

8.º

Estado pós-moderno e Constituição sem sujeito

Outra das perplexidades que o reexame da Constituição dirigente tem suscitado reencontra-se na problemática do sujeito. Uma boa parte dos nossos

---

[21] Cfr. Niklas Luhmann, *Die Politik der Gesellschaft*, Frankfurt//M, 2002, p. 428. Nesta obra póstuma, Luhmann socorre-se, precisamente, das teses de um profundo conhecedor da modernidade periférica. *Vide* Marcelo Neves, *Verfassung und Positivität des Rechts in der peripheren Moderne: eine theoretische Betrachtung einer Interpretation des Falls Brasilien*, Berlin, 1992.

interlocutores não compreende o que significa a *perda do sujeito* na nova problematização do dirigismo constitucional. Umas vezes, entende-se que o discurso está enfeudado aos *esquemas auto-referenciais* da sociedade sem centro. Outras vezes, sugere-se a influência do *antimodernismo político*. Por fim, pretende-se detectar na "perda da fé" no dirigismo a aproximação à *religião pós-moderna*. Vamos explicitar melhor as nossas crises e tentar compreender as críticas.

1. Constituição dirigente e metanarrativas

Todos sabem o que François Lyotard escreveu no célebre livro *A Condição Pós-Moderna*. Aqui, perante este auditório crítico, interessa, talvez, pôr em relevo a sua concepção de *metanarrativas*. Trata-se das grandes récitas omnicompreensivas e totalizantes que conferem à história um significado certo e unívoco. Elas transportam a emancipação da humanidade e dão sentido à vida dos homens. A grande récita judaico-cristã promete a *ressurreição* e a *salvação*. A metanarrativa iluminista e positivista acena com o *progresso*. A grande metanarração marxista vislumbra a *desalienação* do homem através da ditadura do proletariado. As filosofias historicistas, no seu conjunto, acreditam num *sentido* irreversível da história.

Sujeitas a suspensões reflexivas cientificamente intersubjectivas, verifica-se que as grandes récitas explicam pouco e prometem muito. Mais grave do que isso é terem forjado *paradigmas de legitimação* rotundamente subvertidos. É o caso da legitimação através da justiça social, reconduzida, ao fim e ao cabo, à "lógica da melhor prestação social", ela própria implementadora do momento quantitativo das dimensões prestacionais do sistema político.

É neste contexto que as constituições – e sobretudo as constituições dirigentes – se arrogam à categoria de grande récita. No fundo, assumem-se como uma metanarratividade de convivência e transformação social. Perante a lógica da *sociedade técnica*, é forçoso verificar que pouco ou nada as constituições lhe podem opor. As alavancas de Arquimedes deslocam o centro de apoio para esta mesma técnica, relegando a Constituição, deslegitimada como metanarração, para um simples esquema protocolar de procedimentos e organizações. A *tecnopolítica* assume a fundamentalidade perdida pela Constituição.

Temos afirmado que a Constituição Portuguesa, na versão originária de 1976, reivindicava textualmente a dimensão emancipatória das grandes récitas. Pretendia "abrir caminho para uma sociedade socialista" (Preâmbulo); impunha à República o empenhamento na "sua transformação numa sociedade sem classes" (art. 1.º); atribuía ao Estado democrático o "objectivo de assegurar a transição para o socialismo, mediante a criação de condições para o exercício democrático do poder das classes trabalhadoras" (art. 2.º). No art. 10.º (hoje suprimido) identificava os sujeitos encarregados de contar e realizar a grande récita: "a aliança entre o Movimento das Forças Armadas e os partidos e organizações democráticos assegura o desenvolvimento pacífico do processo revolucionário". Por sua vez, "o desenvolvimento do processo revolucionário impõe, no plano económico, a apropriação colectiva dos principais meios de produção".

Compreender-se-á, assim, a relativização do dirigismo, quando em certos escritos afirmámos que a "constituição dirigente morreu". Entenda-se: morreu a "Constituição metanarrativa" da transição para o socialismo e para uma sociedade sem classes. O *sujeito* capaz de contar a récita e de nela se empenhar também não existe ("aliança entre o Movimento das Forças Armadas e os partidos e organizações democráticas"). O sentido da "morte" fica, pois, esclarecido. Só esta "morte" estava no alvo da nossa pontaria.

2. Constituição dirigente e antimodernismo político

Uma acusação que, manifestamente, rejeitamos é a de associar a crise da nossa "crença dirigente" ao movimento do antimodernismo político. Pelo contrário: continuamos a reivindicar a nossa formação moderna. Expliquemos melhor este ponto. Creio no optimismo dos modernos quanto ao projecto de fazer do homem o dono do seu destino e, desde logo, dos seus actos. Se a antropologia optimista ainda hoje está subjacente à ideia de Constituição, então, continua irredutível a modernidade como filosofia do constitucionalismo. É certo que o projecto dos modernos andou muitas vezes aliado a "tentações voluntaristas do domínio da terra e da natureza". A "viragem ecológica" mostra bem os limites do processo de emancipação do sujeito moderno. No entanto, o antimodernismo político, tal como ele vem sendo alicerçado desde Nietzsche e Heidegger, assenta em vários questionamentos. Em primeiro lugar, contesta a afirmação do indivíduo como valor através do qual se cumpre o processo da modernidade. Em segundo lugar, assinala a lógica despersonalizadora do individualismo, bem expressa na sociedade de consumo. Em terceiro lugar, o individualismo democrático conduz, no âmbito político, à canonização vulgar do estado de coisas existente, continuando por outros meios a ideia emancipatória. Ontem, a récita era a do progresso e da sociedade igualitária. Hoje, a grande história é a da "criação de igualdade de condições". Estamos a ver as raízes, mas este não é o lugar adequado para descobrir o húmus em que elas se enterram. Ao menos, tentemos descobrir algumas raízes: crítica nietzscheana da democracia, desconstrução heideggeriana da modernidade política. Alguma da seiva destas raízes passou, é certo, para pensadores que, em tempos, marcaram a nossa formação (Foucault, Bourdieu). A concepção do direito como "vontade de eternizar o equilíbrio do poder presente" (Nietzsche) passa para a "microfísica do poder" centrada numa ultrapassagem da análise do poder em termos de direito. Aparece também aqui a crítica do sujeito. Nestes termos, explicitados por Foucault: "a teoria da soberania constituía um ciclo, o *ciclo do sujeito ao sujeito*. O sujeito entendido como indivíduo dotado de direitos e capacidades naturais deve tornar-se sujeito, mas, desta vez, "sujeito" a uma relação de poder[22]". No plano jurídico-constitucional, as consequências desta perspectiva há muito foram salientadas. Desvaloriza-se o sistema de direito e o Estado de Direito constitucional. A dessacra-

---

[22] Cfr., por todos, Michel Foucault, *La Volonté de Savoir*, p. 107 e ss.

lização do Estado de Direito e dos seus valores aí está: a concepção legalista do poder não vale mais do que a concepção repressiva.

Não acompanhamos esta compreensão do ciclo do sujeito e do sistema do direito. No fundo, o sistema do direito não será outra coisa ou não será mais do que um modo do exercício da violência.

Quando afivelamos a máscara de "moderno" isso significa que a compreensão do Estado Constitucional que temos em mente é, ainda, a *compreensão humanista* do Estado de direito, e não a *óptica vitalista* do poder. Compreende-se que as teses vitalistas da "morte do homem" considerem a "vida como resistência ao poder quando o poder toma por objecto a vida" (J. Deleuze). Nós preferimos que o direito – e, desde logo, o direito constitucional – continue a fornecer instrumentos democráticos para impedir que a dignidade da pessoa seja pervertida, degradando o homem em objecto. É ainda o sujeito da modernidade o actor do humanismo.

3. A Constituição dirigente e a Teoria dos sistemas auto-referenciais

Enfrentemos agora a terceira crítica. A relativização da Constituição dirigente anda a par com a aceitação dos postulados da *teoria dos sistemas auto-*

-*referenciais* (Niklas Luhmann, Gunther Teubner, Helmuth Wilke). É verdade que algumas das análises desenvolvidas sob a perspectiva autopoiética têm lançado sérios golpes à nossa postura moderna, humanista e normativista.

Penso ser conhecida a tese fundamental do corifeu da *autopoiesis*: uma sociedade funcionalmente diferenciada em sistemas (político, económico, religioso, científico) não dispõe de qualquer *centro*. É uma sociedade sem centro e sem *topo* hierárquico. Ora, onde não há topo nem centro, também não pode haver uma supra-ordenação do Estado sobre as forças da sociedade, nem qualquer direcção política imperativamente conformadora de fins. O sistema político não é uma central de direcção política. Mais: o sistema político autodirige-se. Não pode estender a "direcção política" a outros sistemas da sociedade. Nesta perspectiva, compreender-se-ão as dificuldades da Constituição dirigente. Se a Constituição dirigente ainda se apoia no Estado, e se a direcção política estatal constitucionalmente conformada pretende irradiar para os chamados subsistemas (económico, científico), é fácil de ver que ela não terá aceitação ou cabimento na teoria sistémica. O velho esquema sujeito-objeto depara com três dificuldades: (1) não há sujeito de direcção da sociedade; (2) é irrealista um sistema de direcção política concebido como processo causal no sentido de intenção e resultado; (3) é insustentável, numa sociedade diferenciada, afirmar que há projectos de bem comum da sociedade, reconhecidos e programados através de uma política iluminista.

Muitas das observações atrás sumariamente referidas parecem-nos, como já afirmámos, merecedoras de análise profunda e atenta. Elas justificaram a nossa afirmação de que o direito constitucional passou de disciplina *dirigente* a disciplina *dirigida*. Mas o que é que nos separa das teses autopoiéticas? Desde logo – e isto é decisivo – continuamos defensores das *teorias accionalistas* da política e da possibilidade de direcção do Estado. Em nós, o "pessimismo dirigente" radica na observação de que, hoje, a direcção passou para outras "instâncias actuantes" (organizações, esquemas neocorporativos). Mas o sujeito não desapareceu. Mesmo na perspectiva de uma comunidade de sistemas existem sistemas actuantes sob a forma de actores corporativos e colectivos, como grupos, movimentos sociais e, sobretudo, como organizações.

Por outro lado, uma perspectiva sistémica auto-referencial deixa por resolver dois problemas que nos parecem decisivos. Mesmo que procedamos à *descentração* do Estado a partir do meio da sociedade e à sua *recentração* no meio do sistema político, colocam-se sempre dois problemas: (1) a tomada de decisões colectivamente vinculantes (não imposições de "decisões socialmente vinculativas"); (2) a legitimação para a tomada de decisões colectivas. Colocada a questão neste contexto, dir-se-á que a auto-evolução "sem sujeito" da sociedade exigirá, quando muito, a transformação do Estado. De "Estado heróico" intervencionista passar-se-ia a "Estado pós-heróico" supervisor. Poderá também falar-se da transformação de uma "Constituição dirigente heróica" numa "Constituição pós-heróica", limitada ao estabelecimento de regras de supervisão referentes à garantia e à produção de bens colectivos?

A TEORIA DA CONSTITUIÇÃO
E AS INSINUAÇÕES
DO HEGELIANISMO DEMOCRÁTICO

1. A ocultação filosófica do direito constitucional

Nos estudos de direito constitucional e de jurisprudência constitucional *reprime-se* a filosofia do direito que lhes está subjacente. O *topos*, insinuado por um conhecido constitucionalista alemão[1], parece adequado para iniciarmos um pequeno exercício de estilo em honra de um Mestre e Amigo. E a nossa proposta passa, precisamente, pela "libertação filosófica" do direito constitucional. Entendamo-nos: "libertação filosófica" significa aqui o contrário de "repressão filosófica" e não, como a ambiguidade da expressão pode sugerir, a eliminação de premissas filosóficas do direito constitucional. Como vimos defendendo nos últimos tempos, o

---

[1] Cfr. Christian Starck, "Die Bedeutung der Rechtsphilosophie für das positive Recht", in Robert Alexy, (org.), *Rechts- und Sozialphilosophie in Deutschland heute*, in *Archiv für Rechts- und Sozialphilosophie* (ARSP), caderno 44, pág. 386.

direito constitucional tornou-se vítima de vários positivismos. Do positivismo normativista, em primeiro lugar. Os juristas, ou não sabem aplicar as normas constitucionais, preferindo remeter o direito constitucional para o âmbito do político, ou tentam invocar alguns artigos da Constituição utilizando a velha metodologia subsuntiva. O resultado é, ou o da marginalização da Constituição face aos "Códigos", continuando a velha ideia do direito constitucional como direito programático ou como direito da organização do poder, ou a aplicação acrítica de cânones interpretativos pouco operativos em face de normas tendencialmente principiais. Mas não apenas isto. Também a jurisprudência constitucional se tornou positivista. A judicialização do direito constitucional foi saudada como a etapa superior de um direito que agora também era aplicado pelos juízes e que dispunha de controlos e sanções semelhantes às das *leges perfectae* ("novo direito constitucional"). No entanto, os tribunais constitucionais enveredam subrepticiamente por um positivismo de precedentes, rigidificando a prudência jurisprudencial. Progressivamente, a *filosofia do constitucionalismo* desapareceu do direito constitucional, emigrando para outros campos – os da filosofia política e os da sociologia. Em vez de teorias da Constituição, desenvolvem-se teorias da justiça; em vez de teorias do Estado, aprofundam-se as teorias políticas liberais ou comunitaristas; em vez das análises da "constituição material" ou da "constituição viva" surgem as teorias sociológicas da produção do direito. Precisamente por isso, o direito constitucional sofre de asfixia filosófica porque se "purificou" juridicamente afastando os pressupostos éticos e filosóficos. Padece ainda de falta de realismo, porque as estradas da política se introverteram, limitando-se ao leito jurídico e desconhecendo sobranceiramente as margens da abertura para o mundo global. Neste escrito, propomos um regresso do direito constitucional à filosofia. Mas regressamos a quê e a quem? *Zurück zu Kant* ou *Zurück zu Hegel*? Vamos analisar o regresso a Hegel em nome da necessidade de provocação. Depois da *catharsis* dos totalitarismos nazi-fascistas e depois da "queda" ética, política e cultural dos regimes comunistas ("queda do muro") ainda haverá lugar para um qualquer hegelianismo, de direita ou de esquerda?

2. As recordações do Estado: o hegelianismo democrático

"O Sujeito Absoluto realiza-se na totalidade dos seus predicados, alterando-se na natureza e na história, na objectividade e nas formas da subjectividade. Neste processo, o homem finito é momento de totalização absoluta, é manifestação de auto-desenvolvimento da Ideia Absoluta."

Miguel Baptista PEREIRA, *Modernidade e Secularização*, Coimbra, 1990, pág. 102.

A herança de Hegel nunca deixou de estar presente na juspublicística alemã. Um dos discípulos de Carl Schmitt, e que exerceu profunda influência nos estudos de direito público até meados da década de oitenta, não hesitou em invocar expressamente o Estado num dos seus sugestivos trabalhos. Referimo-nos a Ernst Forsthoff e às suas *Erinnerungen an der Staat*. Este Estado, nazi ou bismarckiano, na sua encarnação político-organizatória, transportava a incontornável herança hegeliana: *"Der Staat ist die Wirklichkeit der sittlichen Idee"*. A ideia de Estado tem uma realidade imediata, no plano interno, formando o direito interno estatal (*Verfassung* ou *inneres Staatszecht*), afirma-se, no plano externo, perante os outros estados (*aüsseres Staatsrecht*) e reivindica a qualidade de poder absoluto contra os "estados individuais"[2].

---

[2] Como se sabe, estas são ideias básicas desenvolvidas por Hegel acerca do Estado, nas suas *Grundlinien der Philosophie des Rechts* (parágrafos 257 e seguintes). Utilizámos a edição de Johannes Hoffmeister, Felix Meiner Verlag, Hamburg, 1955.

Este travejamento filosófico aparecerá, hoje, eivado de suspeição, num mundo progressivamente descentrado em relação aos estados e manifestamente hostil a qualquer filosofia da história animada por "espíritos absolutos". Todavia, Hegel não está morto. E não está morto o Estado como ideia ética e como padrão ordenador. Justifiquemos estas afirmações.

a) O Estado como "pressuposto"

No mais recente tratado de Direito do Estado, escrito na Alemanha, e que pretende ser a *mise au point* do saber juspublicístico germânico, a palavra de ordem é, de novo, o Estado[3]. No Vol. I, intitulado *Grundlagen von Staat und Verfassung*, Josef Isensee[4] explicita os postulados teorético-políticos de toda a obra: "*Der Verfassungsstaat der Bundesrepublik Deutschland ist Staat*". O Estado é, sem dúvida, hoje, um Estado constitucional. A Constituição não se compreende, porém, sem o Estado, pois este é o seu objecto e o seu pressuposto e só nele ela

---

[3] Referimo-nos ao *Handbuch des Staatsrechts der Bundesrepublik Deutschland*, dirigido por Josef Isensee e Paul Kirchhof, em nove volumes, publicados pela C. Müller, Heidelberg, 1987-1998.

[4] Cfr. J. Isensee, "Staat und Verfassung", in Isensee/Kirchhof, *Staatsrechts*, Vol. I, pág. 592 e segs.

alcança vigência e realidade. Se a Constituição conforma o Estado, é também conformada por ele. Mais: o Estado recorta-se como *Natur der Sache* à qual pertencem os dados espácio-temporais, os pressupostos éticos, sociais e culturais. Conceitos como os de Estado, padrão, modelos ordenadores universalmente dominadores do "mundo dos estados", dão fundamento, em termos regionais, à homogeneidade constitucional dos grupos de estados do Ocidente e correspondem precisamente à tradição alemã, respondendo às perspectivas do futuro. Isensee não desconhece, como é óbvio, que o Estado é um Estado juridicamente conformado (*"ein verfasster Staat"*), e, por isso, a estatalidade alemã dificilmente se poderá reconduzir a uma "forma originária metaconstitucional" (*"metakonstitutionelle Urform"*). De qualquer forma, existe uma inseparabilidade conceitual entre "Estado" e "Constituição". Estas categorias jurídico-políticas formam uma *unidade específica e integral,* no Estado Constitucional. Mas, se o Estado se apresenta jurídico-constitucionalmente crismado, nem por isso a Constituição funda o Estado. A "vida do Estado" é o domínio da realidade (*"Bereich der Wirklichkeit"*), o "substracto real" no qual reside o "momento de estatalidade" (*Moment der Staatlichkeit*). O momento da estatalidade "pré-existe à Constituição", é "encontrado" pela lei fundamental do Estado. Se a "vida estatal" incorpora o momento de estatalidade, anteposto e imposto ao plano de ordenação normativo-constitucional, o Estado não é fundado pela Constituição, nem esta fica legitimada a fornecer os elementos fundantes de um novo Estado. Apenas e só fornece uma nova ordem jurídica ao estado pré-existente. As palavras de Isensee são claras:

> "Das Grundgesetz ist nicht dazu bestimmt, einen neuen Staat zu gründen, sondern dem vorhandenen Staat in einem Teilgebiet eine neue Ordnung zu geben und dadurch mittelbar die 'nationale und staatliche Einheit' zu wahren."

O Estado existe antes da Constituição e a estatalidade alemã nem sequer pode ser perturbada por actos do poder constituinte. A estatalidade, enquanto tal, não está à disposição do poder constituinte. Mesmo que a estratégia profunda de Isensee se compreenda em vista das "duas Alemanhas", existentes na altura, pretendendo com a categoria da estatalidade integral, imanente e pré-existente, resolver a "unidade do Estado Alemão", nem por isso fica claramente resolvida a questão da conformação jurídico-constitucional do Estado. O Estado recortar-se-á sempre como "matéria" ou dado preexistente, reduzindo-se a Constituição à *forma* transitória do

Estado perene. Perante esta perigosa redução da lei fundamental à forma jurídica do dado, correr-se-ia o risco de a estatalidade se converter em ontologia do Estado, ou seja, uma *materia prima,* esvaziada de forma e cheia de "facticidade ontológica". Precisamente por isso, o autor em referência é obrigado a socorrer-se da *materia secunda*: o Estado é parcialmente pré-conformado, mas trata-se de matéria ainda formatável e carecida de forma. A formatação constitucional operada pelo poder constituinte concebe-se como desenvolvimento da estatalidade (*Entfaltung der Staatlichkeit*)[5]. Mas, se a imbricação do "dado" e do "construído", do "Estado-matéria" e da "Constituição-forma", ainda obriga Isensee a reconhecer na Constituição o instrumento de aceitação da estatalidade (*Die Verfassung vermittelt der Staatlichkeit der Akzeptanz*), é, porém, através do Estado que subsiste o *sujeito*. Encoberto na ideia de Estado ao serviço da Constituição (*Staat im Dienst der Verfassung*), é o Estado que, simultaneamente, se ergue como "sujeito de deveres" (*Pflichtensubjekt*) e como "garante" da Constituição. Perguntar-se-á porque é que, mesmo assim, o Estado, anterior e pré-existente à Constituição, está "ao serviço desta". A resposta é simples: foi a *decisão actualizadora* da *Grundgesetz* relativamente à estatalidade

---

[5] Cfr. Isensee, "Staat und Verfassung", cit., pág. 595.

alemã que salvou do descrédito a ideia alemã do Estado e possibilitou a integração do Estado alemão, nas vestes de uma democracia constitucional livre, no clube dos estados constitucionais do Ocidente[6]. Em rigor, a Constituição, mais do que uma ordem normativa do Estado, é uma decisão actualizadora desse mesmo Estado. A compreensão decisionista da política e da Constituição, que, como é sabido, atingiu o paroxismo com Carl Schmitt, volta a insinuar-se na juspublicística germânica:

> "Die erste Entscheidung der Verfassung, die allen anderen ihrer Entscheidungen vorausliegt und sich in ihnen aktualisiert, ist die Entscheidung Staatlichkeit. Sie ist das Basisprinzip der Verfassung".

A decisão constitucional de estatalidade não é, em si mesma, uma regulação constitutiva do Estado. As estruturas do Estado não precisam de qualquer regulação: autocompreendem-se. Qualquer "nova ordem" trazida por uma Constituição dirá especificamente respeito à "forma de Estado", e não ao Estado em si e só pode compreender-se como uma "ordem parcial" (*Teilordnung*), vinculada como está a elementos de ordenação pré-existentes. A "indisponibilidade do pré-existente" levou

---

[6] Cfr. Isensee, "Staat und Verfassung", cit., pág. 195.

Isensee a considerar a lei constitucional, simultaneamente, um "código de regulação" (*Kodex der Regelungen*) e um "código de articulação-ligação a pressupostos" (*Kodex der Anknupfungen an Voraussetzungen*)[7]. O recurso à ideia de Constituição (*rectius:* lei constitucional) como "código de regulação" e "código de articulação" permitiria a superação das tradicionais tensões do pensamento político alemão, sistematicamente confrontado com códigos binários de antinomias: estado/constituição, poder/direito, facticidade/normatividade. Nem um normativismo cego ao Estado, nem um decisionismo alheio à Constituição[8] poderão servir de premissas teoréticas ao estado constitucional moderno.

b) *Hegel democrático na "democracia de antíteses"*

"Hegel democrático" não dispensa uma Teoria Geral do Estado. A Teoria Geral dificilmente poderá evitar a forma democrática de governo e, por isso, a Teoria do Estado deve evoluir para uma *Teoria do Estado da Democracia*[9]. A ordenação sis-

---

[7] Cfr. Isensee, "Staat und Verfassung", cit., pág. 601.
[8] Assim, Isensee, "Staat und Verfassung", cit., pág. 651.
[9] Cfr. W. Leisner, "Antithesen – Theorie für eine Staatslehre der Demokratie", in *Juristenzeitung*, 18/1998, pág. 863.

temática dos campos políticos e o aprofundamento teorético da "desordem estatal" conseguir-se-á através de uma construção em cascata. Em primeiro lugar, partir-se-ia das *decisões fundamentais* da Constituição, ou seja, dos dados normativos onde ainda se encontram os indicadores dinâmicos da decisão. A carga de politicidade que anima as decisões fundamentais justificaria uma outra procura rumo às *ideias fundamentais da forma ou formas do Estado*. Das normas para os princípios politicamente conformadores, e, destes, para os princípios fundamentais do Estado. O "sistema", ou melhor, o *sistema geral da democracia* estruturar-se-ia com base no sistema constitucional, mas teria de ultrapassar o normativismo constitucional. Com efeito, uma *teoria-sistema da democracia ou teoria geral do Estado democrático* deve ir além da metodologia das normas e superar teorias estritamente jurídico-constitucionais como, por exemplo, a "teoria do núcleo essencial das funções do Estado", as "teorias da reserva de governo e da administração", as "teorias dos limites jurídico-funcionais da jurisdição". O "universal democrático" esconde-se nos princípios constitucionais politicamente conformadores, eles próprios raízes dos princípios básicos da democracia e, estes, raízes dos princípios fundamentais da forma de Estado. Certamente que a *teoria geral democrática do Estado* se defronta, hoje como ontem, com a existência de dimensões conflituantes dentro da democracia. Seria provocatório procurar a solução/síntese da dialéctica dos contrários através da *decisão totalizante* bem no sentido schmittiano. Tão pouco a proposta de uma *teoria de integração societal,* de inspiração smendiana, escaparia às suspeitas de um integracionismo valorativamente autoritário. Mais aceitável seria a síntese do *consenso*, desde logo, porque, *prima facie,* se apresentaria como a face agregadora do pluralismo político. Um consenso, porém, em torno do "nada de valores" ou se reduz a uma mera refracção sociológica do pluralismo, ou é a expressão do *relativismo* dissolvente do qual está ausente qualquer ideia de fundamentalidade ordenadora. O caminho estará em sustentar a construção do sistema da *democracia* nas *antíteses,* e não em procurar desesperadamente o repouso restaurativo da síntese. Por outras palavras: o segredo da *teoria geral da democracia,* ou da *teoria geral do Estado democrático,* está em revolver de novo Hegel, não para o colocar marxianamente com os pés na terra mas para o fazer descobrir o sistema em antíteses dialécticas, rebeldes a sínteses totalizantes. Hegel democrático, pois! Mas como? Valorando, em primeiro lugar, os momentos antitéticos da democracia. A democracia repousa sobre *códigos binários de tensão:* Estado/Igrejas, democracia representativa//democracia directa, liberdade/igualdade, governo/

/oposição. A essencialidade das antíteses para a democracia implicará que qualquer síntese ordenadora se paute pelos critérios da dinamicidade, da provisoriedade, da alternatividade, da concorrência e da diversidade. A irresistível tentação de transmutar um *Denken in Einungen* (Leisner) numa democracia de antíteses ou é um derradeiro esforço de reconstrução holístico-estatal, ou terá de permanecer sempre um pensamento de *simbiose de antíteses*. Em resumo: *Denken in Einungen* pressupõe *Denken in Wider-sprüchen*. A democracia e o estado democrático exigem uma teoria geral do Estado democrático enredada em tensões dialéticas. As "sínteses superiores" só poderão hoje reaparecer como teses caricaturais, do género do "fim da história".

c) *Hegel democrático e antropocêntrico?*

Nas anteriores reabilitações da teoria do estado hegeliano, parece ser visível que a reconstrução democrática do Estado pouco relevo dá à radicação antrópica do Estado e da democracia. A ausência da pessoa e da dignidade da pessoa humana não poderia deixar de provocar a suspeição daqueles que, bem ou mal, vêem nas teorias estatocêntricas de recorte hegeliano o âmago do totalitarismo político. Introduzir *die Universalität der Menschenrechte* no universal hegeliano surge como uma via para a articulação recíproca do Estado Constitucional Democrático e da ideia de dignidade da pessoa humana. A justificação da ideia de dignidade da pessoa humana a partir de uma moral abstracta, centrada no homem, perfila-se como um ponto de partida, filosófica e metodicamente insuficiente. Em virtude de esta ideia se afigurar demasiado (ou exclusivamente) subjectiva e desprovida de validade pública, compreende-se que os autores neohegelianos regressem à clássica distinção entre *ética* e *moral* para se recuperar a razão na história (*Vernunft in der Geschichte*), e para se extrinsecar o princípio fundamental da ética a partir da evolução do direito, nos quadros culturais do Ocidente dos últimos trezentos anos[10]. O princípio fundamental que agora se mobiliza para estruturar um sistema de valores – *die Basis für ein ganzes Wertsystem*[11] – é a dignidade da pessoa humana (*Menschenwürde*). Só esta ideia básica pode garantir e assegurar as condições políticas de paz, liberdade e igualdade, essenciais a qualquer estado constitucional[12]. Se

---

[10] Cfr. Kriele, *Recht und praktische Vernunft*, Göttingen, 1979, pág 10.

[11] Vejam-se as anotações de Dürig no conhecido comentário Maunz/Dürig, *Grundgesetz-Kommentar*, sobretudo as anotações 4 e 14 ao artigo 1.º da *Grundgesetz*.

[12] Assim, expressamente, Kriele, *Recht und praktische Vernunft* cit., pág. 65.

quiséssemos formular, então, o último grande princípio da eticidade, oriundo da cultura ocidental, poder-se-ia dizer: "qualquer homem tem igual direito à liberdade e dignidade". Mas, se a ideia de dignidade da pessoa humana dificilmente pode buscar a sua justificação numa moral abstracta, porque, como se disse já, se correria o risco de erguer um sistema sobre uma moral subjectiva sem validade-validação pública, isso significa que o princípio ético legitimador do estado constitucional democrático se estruturou dialecticamente no processo histórico de confrontações éticas e políticas. Por outras palavras: o neohegelianismo constitucional apela a um neoaristotelismo, porque, em vez de um *Ethos* essencialmente estático e pré-existente, se proclama a dignidade da pessoa humana e os valores da paz, liberdade e justiça, por ela pressupostos, como dimensões éticas reveladas pela experiência histórica. De novo, *die Vernunft in der Geschichte*!

O neohegelianismo constitucional pretende, como se vê, abrir a via para a ideia de *direito justo*, a partir de valores histórico-teleologicamente justificados[13]. As dificuldades que, apesar de tudo, subsistem na conciliação da "razão na história" com a

---

[13] Esta estratégia legitimadora é claramente visível em Larenz, *Richtiges Recht. Grundzüge einer Rechtsethik*, München, 1979, págs. 25, 32, 184.

construção antropocêntrica do estado de direito constitucional ("estado fundado na dignidade da pessoa humana") obriga os neohegelianos e os neo-aristotélicos a procurar uma *fundamentação teológica* da dignidade da pessoa humana, capaz de dar um sopro humano à justificação histórico-teleológica dos valores de tradição ocidental. É bem de ver que estamos a um passo de *uma fundamentação teológico--religiosa* e, mais concretamente, de uma *justificação religioso-cristológica*. Basta abrir um dos mais completos tratados de *Direito do Estado* da Alemanha – o *Staatsrecht* de Klaus Stern, "der Stern"[14] – para confirmar a suspeição da cadeia hegelianismo – eurocentrismo – dignidade da pessoa humana – moral religiosa:

> "Die Menschenwürde als gemeinsames Produkt christlicher, vor allen katholischer, Glaubensüberzeugung darzustellen und auch inhaltlicher entsprechend zu determinieren".

Fica por explicar como é possível chegar à dignidade da pessoa humana como ideia básica legitimadora de um estado constitucional para quem acredita nos princípios do estado de direito democrá-

---

[14] Cfr. Klaus Stern, *Das Staatsrecht der Bundesrepublik Deutschland* Vol. III/1, München 1988, pág. 9.

tico constitucional mas defende decididamente uma visão secular dos direitos do homem ("secularização dos direitos do homem") e transporta uma cosmovisão explicitamente agnóstica ou ateia. Não basta, como é o caso de Kriele, apontar para os perigos da tentativa de secularização dos direitos do homem[15] ou afirmar, com toda a convicção, como faz Spaemann, que os defensores do ateísmo podem observar e respeitar a dignidade da pessoa humana, mas são incapazes, em último termo, de a fundamentar ético-moralmente[16]. Muito mais cauteloso é o nosso homenageado. Miguel Baptista Pereira[17] lembra que "Na linguagem do século XX, dois termos traduzem, a nível económico, o grau de desenvolvimento da consciência humana: por um lado, a palavra "libertação" ecoou nos cinco continentes, desde a África, a América do Sul até ao Oriente distante com a urgência de valor fundamental a realizar com sacrifício da própria vida; por outro, a expressão "dignidade humana" foi

---

[15] Cfr. Kriele, *Die demokratische Weltrevolution*, München, 1987, pág 112 e segs.

[16] Vide, precisamente, Robert Spaemann, "Universalismus oder Eurozentrismus", in Petra Braitling/Walter Rese-Schäfer, *Universalismus, Nationalismus, und die neue Einheit der Deutschen*, Frankfurt/M, 1986, pág. 88 e segs.

[17] Cfr. Miguel Baptista Pereira, "Sobre o Discurso da Fé num mundo secularizado", in *Modernidade e Secularização*, p. 384.

acolhida por todos os que assinaram a carta dos Direitos do Homem. O que une, hoje, crentes e ateus, é o reconhecimento fundante da liberdade digna e a dignidade livre do homem contra ortopraxis históricas de unificação e de instrumentalização humanas. Diferentes da universalidade secularizada dos direitos do homem radicados na liberdade digna e na dignidade livre do homem são as experiências religiosas em que o homem não se vive como coisa perante uma projecção coisista absoluta nem como um sujeito egóide dominado pela figura absoluta de um Eu Divino, mas como uma pessoa perante outra pessoa, como um eu perante o tu"[18]. A nosso ver, a secularização dos direitos do homem é uma dimensão inelimável do seu ecumenismo. A *dignidade da pessoa humana* pode ser vivida em termos evangélico-cristocêntricos, mas, num mundo policêntrico e pluricultural, ela é mais do que uma vivência religiosa, é uma *mathesis* de experiências humanas. Precisamente por isso, a "dignidade da pessoa humana", reconhecida e garantida nos textos constitucionais e documentos internacionais, recolhe pragmaticamente algumas sugestões filosóficas e doutrinárias,

---

[18] Assim, precisamente, Miguel Baptista Pereita, cit., pág. 384.

mas sem se reconduzir a qualquer sistema filosófico. Distinguir, como faz Starck[19], entre um "conceito cristão", um "conceito iluminista-humanista", um "conceito marxista", um "conceito sistémico" e um "conceito behaviorístico" possibilita uma arqueologia teorética da diáspora humana em torno do homem, mas não oferece, nem poderia oferecer, um núcleo da dignidade da pessoa humana social e juridicamente inclusivo. Para ter uma dimensão fundante e fundamentadora, tendencialmente universal, a dignidade da pessoa humana apela a uma referência cultural e social, mas esta referência cultural deve ser relativizada em nome de uma dignidade humana na sociedade-mundo.

---

[19] Cfr. Mangoldt/Klein/Starck, *Das Bonner Grundgesetz*, 3.ª ed., Vol. I, Anotação 2 ao artigo 1.º.

O DIREITO CONSTITUCIONAL NA ENCRUZILHADA DO MILÉNIO. DE UMA DISCIPLINA DIRIGENTE A DISCIPLINA DIRIGIDA

I. O Fogo da terra e o gravitar sobre si próprio

Este livro de homenagem é dedicado a um Mestre que aos problemas teóricos e metodológicos do direito e da política consagrou muito de seu saber e labor. Tentaremos, pois, retomar alguns fios do seu discurso e abordar a actual situação do direito constitucional, procurando esquemas científica e dialogicamente agitados na juspublicística contemporânea.

Chamaremos *disciplinas dirigentes* àquelas que desenvolvem autonomamente paradigmas, conceitos, teorias e teoremas. Designaremos por *disciplinas dirigidas* aquelas que recorrem a *transferts* paradigmáticos e conceituais para estruturarem a sua arquitectónica teórica[1]. A sugestão acabada de fazer foi avançada

---

[1] Cfr., precisamente, H. Rottleuthner, «*Les métaphores biologiques dans la pensée juridique*», in *Archives de philosophie du droit*, vol. 31, 1987, pág. 216.

para distinguir entre *autopoiesis* originária e *autopoiesis* derivada. A primeira pertenceria à «disciplina dirigente» – a ciência neurofisiológica –, e a segunda incluir-se-ia no grupo das ciências dirigidas. A importação das ideias neurofisiológicas fundamentais da *autopoiesis* para o mundo das ciências sociais, nas quais se inclui o direito, acarretaria, neste contexto, a subordinação das disciplinas jurídicas a modelos heurísticos forjados fora da ciência do direito. Naturalmente, o direito constitucional também não fugiu a este processo de subordinação: deixou de ser uma disciplina dirigente para se volver em disciplina dirigida. Em vez de gravitar sobre si próprio[2], ganhando neste movimento de rotação os seus campos de atracção autónomos, passou a fazer figura de satélite artificial dirigido. É óbvio que o direito sempre foi influenciado pelos paradigmas dominantes em cada época[3]. O que se nos afigura, porém, característico do direito constitucional finissecular é a sua inquestionável perda de centralidade jurídico--política. Se Carl Schmitt ainda pôde ser homenageado como o «fogo da terra», pelo seu sopro

---

[2] A expressão pertence a R. Smend, *Verfassung und Verfassungsrecht*, München, 1928.

[3] Vejam-se, precisamente, as referências de García-Pelayo, *Derecho Constitucional Comparado*, pág. 27 e segs., sobre a formação do direito constitucional moderno.

vitalmente decisionista em torno da teoria da Constituição[4] erguida a verdadeira teoria do político, hoje, o direito constitucional corre o risco não apenas de perder a dimensão nuclear de um *direito do político e para o político*, mas também o de ser relegado para um *direito residual*. Eis, aqui, uma primeira nota da presente récita discursiva: o direito constitucional é um «direito de restos». «Direito do resto do Estado», depois da transferência de competências e atribuições deste, a favor de organizações supranacionais (União Europeia, Mercosul). Direito do resto do «nacionalismo jurídico», depois das consistentes e persistentes internacionalização e globalização terem reduzido o Estado a um simples «herói do local»[5]. «Direito dos restos da auto-regulação», depois de os esquemas reguláticos haverem mostrado a eficácia superior da auto-regulação privada e corporativa relativamente à programática estatal. «Direito dos restos das regionalizações», depois de as várias manifestações dos «estados complexos» (federais, regionais) exigirem a *inclusão* de outros entes, quase soberanos, nos espaços unitarizantes da soberania estatal.

---

[4] A expressão «fogo da terra» aparece no livro de homenagem a Carl Schmitt: *Epirrhosis*.

[5] Colhemos esta imagem em Helmuth Willke, *Die Ironie des Staates*, Frankfurt/M, 1992.

II. Ductilidade e reflexividade

Não é apenas a desconsoladora e desconfortável situação de um «direito residual» que coloca o direito constitucional numa perigosa encruzilhada. Acresce, ainda, a sua transformação em *diritto mite*[6]. A ductilidade do direito constitucional torna claudicante o direito constitucional, não apenas na sua qualidade de direito superior do Estado impositivo de tarefas e fins aos órgãos e titulares dos poderes públicos, mas também porque a moda das *mensagens débeis* («direito débil») obriga a torná-lo um *direito reflexivo* mais apto a fornecer sugestões para o político do que a traçar autoritativamente regras normativas da política. Mesmo lá onde o direito constitucional se poderia manter numa posição altaneira na qualidade de direito individualizador dos *princípios* estruturantes e conformadores da ordem jurídica (Estado de direito, princípios democráticos, princípio republicano), ele tem de enfrentar a pressão das *teorias críticas* contra o normativismo constitucional fundamentador. Ninguém desconhece que a positivação constitucional da *Higher Law* jusnaturalista não desvinculou definitivamente o direito constitucional nem da fixação transpositiva das condições de *validade*

---

[6] Veja-se o sugestivo livro de G. Zagrebelsky, *Il Diritto Mite*, Torino, 1992.

do direito, nem da explicação da *legitimidade* de um direito assente em estruturas de domínio. O direito constitucional passa a ser julgado em nome da *justiça* e, em vez de se falar da Constituição e do seu direito como «reserva de justiça»[7], procede-se a *diálogos com a justiça*[8] através de *teorias de justiça*[9]. Aparentemente, as melhores teorias – morais ou outras – para a descoberta da justiça do sistema político e da forma de governo têm como referente a *sociedade auto-reflexiva* («*self-reflective society*») em detrimento do tradicional esquema de referência constituído pelo Estado e respectiva «lei fundamental».

III. Evolutivismo autopoiético e regulação normativa

As traves mestras do direito constitucional clássico assentavam na ideia criacionista de Constituição através de um poder constituinte, e na ideia de

---

[7] Como faz, por exemplo, Morlock, *Was heisst und zu welchem Ende studiert man Verfassungstheorie?*, Berlin, 1988.

[8] A proximidade da expressão do texto com o título do conhecido livro de J. Fishkin é evidente. Cfr. James Fishkin, *The Dialogue of Justice. Toward a Self-Reflective Society*, Yale University Press, London, 1982.

[9] Veja-se J. Habermas/J. Rawls, *Débat sur la justice politique*, Paris, 1997.

Constituição como estatuto jurídico-normativo do político. Estas ideias revelam-se dissonantes relativamente ao *paradigma autopoiético*, hoje quase convertido em *modelo alternativo ao direito*, ou, pelo menos, em modelo revelador de alternativas no direito. Com efeito, a questão central que se pretendeu resolver com o apelo ao paradigma autopoiético foi logo enunciada por N. Luhmann[10]: o recurso ao modelo autopoiético destina-se a alicerçar teoricamente a passagem da planificação à *evolução*. O direito constitucional clássico, sobretudo o do figurino francês de inspiração jacobina, e o do figurino alemão de inspiração hegeliano-bismarckiana, compreendiam e tratavam o direito como um sistema de *legislatio*. O direito – incluindo o direito constitucional – é concebido como um sistema artificial de programação de pilotagem, de comando e de organização da sociedade por um órgão ou poder funcionalmente superior a esta. Alicerçava-se, assim, uma «visão cibernética» do político conducente, no âmbito do sistema jurídico-constitucional, a um esquema de injunções políticas formalmente plasmadas em normas constitucionais imperativas. As normas constitucionais consubstanciavam, assim, um sistema jurídico heteronomamente vinculante. É fácil verificar

---

[10] Cfr. N. Luhmann, *Soziale Systeme*, Frankfurt/M, 1982, pág. 27.

que este modelo se encontra, hoje, em situação desesperada perante as sugestões *auto-organizativas*, ancoradas nas ideias de direcção não estatalista da sociedade, subsidiariedade das regulações heterónomas, delegação societal de tarefas de serviço público, aberturas corporativistas à regulação de interesses. Compreendida como *legislatio* do político e para o político, a Constituição aspirava, como se disse, a operar como *estatuto jurídico do político*, ou seja, como instituição de dois sistemas – o jurídico e o político. No entanto, e como N. Luhmann acentuou com lucidez, o projecto do constitucionalismo, ao fazer da Constituição o instrumento de normativização da política, tornou possível «uma solução *jurídica* do problema da auto-referencialidade do sistema político e uma solução *política* do problema de auto-referencialidade do sistema jurídico»[11]. Instalou-se, assim, uma *acoplagem estrutural* a um sistema que, no contexto actual, responde progressivamente com ruídos, perturbações e irritações ao processo de diferenciação funcional dos dois sistemas. Isto tanto mais que não pode deixar de acentuar-se a emergência de novas acoplagens estruturais forjadas pela diferenciação funcional do sistema económico. Como também intuiu Luhmann, a pos-

---

[11] Cfr. Luhmann, «*Verfassung als evolutionäre Errungenschaft*», cit., pág. 180 e segs.

sibilidade, aberta à economia, de dispôr do direito (*Rechtsgestaltung*) através do direito de propriedade, da liberdade contratual, do direito das sociedades, da liberdade de comércio, indústria, serviços e mercadorias, origina também uma nova deslocação na relação sistema-ambiente, em que a acoplagem estrutural do sistema político e do sistema económico tolera, cada vez com mais dificuldade, as perturbações criadas pelo sistema jurídico, ao mesmo tempo que o sistema económico globalizado tende a excluir as perturbações do sistema político introvertidamente estatal.

O problema que se coloca à Constituição e ao direito constitucional é, neste contexto, o problema de saber se podemos continuar a considerar operativo um conceito de Constituição entendido como «horizonte de sentido dotado de instruções para uso suficiente de prática» (Luhmann). O risco de a Constituição não estar em condições de continuar a ser compreendida como estatuto jurídico do político torna-se agora indisfarçável. Mesmo que haja um «*Legal Transplant*» da ideia constitucional a nível global, nem por isso a Constituição poderá aspirar a ser mais do que é: um texto útil para *direitos e políticas simbólicas*.

IV. Eticização Constitucional

Perante a conclusão anterior, alguns autores tentam salvar uma espécie de *Original Intent*: recolher a ideia de Constituição como *Higher Law* e regenerá-la como um catálogo de virtudes cívicas. Os *valores* positivados nas constituições possibilitariam a recuperação da indiferenciação entre direito e política. Tal como se fala de direitos humanos invioláveis, adoptando uma fórmula jusnaturalista aparentemente operativa no contexto pós-moderno da «sociedade globalitária», também se poderia recortar o texto constitucional como um código de valores fundamentais aptos a servir como «religião civil integradora» dos pluralismos estatais, nacionais e étnicos. No mundo globalizado, a inclusividade seria aberta por uma espécie de moralidade constitucional a que fazem referência autores tão diferentes como R. Dworkin[12] ou O. Weinberger[13]. A «eticização» do discurso constitucional andaria a par com a eticização do direito internacional e possibilitaria a observação e valoração da política – interna e externa – lá onde ela pudesse ferir o *unviolated level* de qualquer acção político-comunitária (genocídio, grave violação dos

---
[12] Cfr. R. Dworkin, *Taking Rights Seriously*, London, 1978.
[13] Ver, precisamente, O. Weinberger, *Il diritto come istituzione*, Milano, 1990.

direitos humanos). A «convergência moral» de constituições internas e de tratados internacionais e supranacionais daria sopro moral comunitariamente inclusivo ao direito, à política e à economia. Uma coisa, porém, é a tentativa de «moralização» da acção política, e outra, muito diferente, a de procurar na «religião civil dos valores» o instrumento de hetero-referência capaz de quebrar a «circularidade auto-referencial» dos três sistemas autoreferencialmente diferenciados: o direito, a política e a economia.

V. *Bringing the State back in!*

Dificuldades auto-referenciais, semelhantes às da «eticização constitucional», encontram-se nas tentativas de recuperação do *a priori*-Estado como pressuposto da acção política. Não deixa de ser significativo que uma das obras mais representativas da moderna juspublicística germânica – o *Handbuch des Staatsrechts der Bundesrepublik Deutschland*[14], dirigido por Josef Isensee e por Paul Kirchhof – parta do seguinte postulado: «O Estado Constitucional da República Federal da Alemanha é Estado» (*Der Verfassungsstaat der Bundesrepublik Deutschland ist*

---

[14] *Cfr.* J. Isensee/P. Kirchhof, *Handbuch des Staatsrechts der Bundesrepublik Deutschland*, C. Müller, Heidelberg, 9 vols., 1987-1998. Cfr. também *supra* o texto n.º 4.

Staat). O Estado perfila-se[15] como *Natür der Sache*, à qual pertencem os dados espácio-temporais, os pressupostos éticos, sociais e culturais. É claro que a «recordação do Estado» rodeia-se, agora, de algumas cautelas. O Estado é um Estado «juridicamente conformado» (*ein Verfasste Staat*) e, por isso, a estatalidade alemã dificilmente se poderá reconduzir a «uma forma originária metaconstitucional». Isso não impede que as categorias «Estado» e «Constituição» formem uma unidade específica e integral no Estado Constitucional. No entanto, se o Estado se apresenta jurídico-constitucionalmente conformado, isso não significa que a Constituição funde o Estado. A «vida do Estado» é o domínio da realidade (*Bereich der Wirklichkeit*), o «substracto real» no qual reside o «momento de estatalidade» (*Moment der Staatlichkeit*). O momento da estatalidade pré-existe à Constituição, é encontrado pela lei fundamental do Estado. O Estado existirá antes da Constituição e a estatalidade alemã nem sequer pode ser perturbada por actos do poder constituinte. O Estado recortar-se-á sempre como «*materia*» ou dado preexistente, reduzindo-se a Constituição à forma transitória de Estado perene[16].

---

[15] Cfr., precisamente, J. Isensee, «*Grundlagen von Staat und Verfassung*», in *Handbuch*..., vol. I. pág. 592 e segs.

[16] Permitimo-nos remeter para o nosso trabalho «A Teoria da Constituição e as Insinuações do Hegelianismo Democrático»,

Não deixa de ser estranho que, no momento em que o Estado se reduz a «herói local», devido aos fenómenos do supranacionalismo e da globalização, em que a soberania estatal clássica se vê confrontada com «partilhas e transferências», uma significativa parte da juspublicística germânica regresse ao Estado como elemento «pré- e supra-ordenador» do político. Este paroxismo neoestatalista é questionável nos seus pressupostos filosóficos e políticos. Além disso – e é ponto que interessa agora focar – a Constituição, reduzida a uma «decisão actualizadora do Estado», dificilmente pode servir de «estatuto jurídico do político» em torno do qual se lançariam as traves mestras do Direito Constitucional. Mais do que um direito constitucional, o que se ergue, de novo, a «disciplina rainha», é a Teoria do Estado (nem que seja só a «Teoria do Estado Alemão»!), pois as estruturas do Estado não carecem de qualquer regulação. Autocompreendem-se. A recuperação da Teoria do Estado, para conferir centralidade ordenadora ao Estado, corre o risco de acentuar a introversão do direito constitucional. O que se procura, no fundo, é um conceito de ordenação política garantidora de integração estabilizadora

---

in *O Homem e o Tempo, Liber Amicorum para Miguel Baptista Pereira*, Porto, 1999, pág. 413 e segs.

perante o perigo de dinamicidade política forjada pela construção europeia. A ser assim, em vez de um *constitucionalismo reflexivo,* acabamos por restaurar um *constitucionalismo introvertido.* Eis, aqui, o paradoxo do regresso ao Estado. Perante uma sociedade plural, aberta, turbulenta e complexa, pretende-se, afinal, através do recurso ao *organologismo estatal,* domesticar voluntaristicamente a sociedade real.

VI. Regresso à Constituição e ao direito constitucional

O voluntarismo estatal que desponta em algumas sugestões neo-hegelianas dos cultores da Teoria do Estado e do direito constitucional transporta, em certa medida, um *pathos* utópico: recuperar a unidade do político inconstitucionalizada no e pelo Estado. A nosso ver, este «patriotismo estatalista-constitucional», em vez de resolver os problemas emergentes das «soberanias fluidas», da «dessacralização-dessubstanscialização do Estado», do binário tensional de consenso e conflito das sociedades democráticas, ousa impor uma *epochē* às aprendizagens inteligentes que os cidadãos e os povos têm vindo a fazer no último século do milénio. Mais cautelosa é, sem dúvida, a sugestão de aprendizagem constitucional, feita por K.U. Preuss[17], ao caracterizar a Constituição como a institucionalização de um processo de aprendizagem fraco, através do qual uma sociedade ultrapassa, passo a passo, a sua incapacidade de se problematizar e tematizar a ela própria sob o ângulo normativo.

E se, outrora (na Declaração dos Direitos do Homem e do Cidadão), se entendia que uma sociedade que não tivesse separação de poderes e garantia de direitos não tinha Constituição, hoje poderá afirmar-se, como K.U. Preuss, que só haverá direito constitucional com força normativa quando a sociedade possuir uma estrutura constitucional que se confronte com ela própria mediante formas institucionais apropriadas e processos regulados por normas de adaptação, resistência e autocorrecção. A complexidade e contingências da sociedade assente em sistemas sociais diferenciados postula, assim, a reescritura permanente das regras constitucionais com base em experiências e em aprendizagens, e não com recurso a integracionismos ético-sociais, a unitarismos políticos e à homogeneização dos cidadãos. García-Pelayo ensinar-nos-ia, por certo, que a Constituição «é uma forma aberta através da qual

---

[17] Cfr. K.U. Preuss, *Revolution, Fortschritt und Verfassung*, Berlin: Wagenbach, 1990, pág. 73.

passa a vida»[18], «uma individualidade histórica que perpetuamente se renova»[19]. O que talvez o nosso Mestre não afirmasse tão rotundamente como outrora seria a integração da Constituição no Estado: «estructura normativa que forma parte integrante de la existencia del Estado y que emerge de esa existencia»[20]. Como vimos, o Estado é, hoje, um herói local. Quem quiser compreender o lugar e sentido da Constituição terá de apelar para um *patriotismo constitucional de inclusividade*. Isso significa uma Constituição aberta a outros espaços, aberta a outras pessoas, aberta a outras normas, aberta a conflitos e consensos, aberta à sobreposição experiencial de consensos. Eis um ponto de partida. «*El Derecho constitucional no es una categoría eterna*», escreve o nosso Mestre, mas, «*mientras el proceso de racionalización continúe dominando la vida de los Estados, habrá lugar para un Derecho constitucional*».

---

[18] Cfr. García-Pelayo, *Derecho constitucional comparado*, cit., pág. 134.
[19] Cfr. García-Pelayo. *Derecho constitucional comparado*, cit., pág. 132.
[20] García-Pelayo, obra e *loc. cit.*

Parte Segunda

A Emergência
do Constitucionalismo Europeu

Secção I

I

Sentido do tema e do problema

A disseminação da feitura de um projecto da Constituição Europeia e o desenvolvimento do chamado constitucionalismo global forneceram os impulsos políticos e jurídicos para uma intensa discussão do paradigma do constitucionalismo clássico.

Muitos e prestigiados autores têm negado a possibilidade e, mesmo, a pensabilidade de uma constituição divorciada do Estado e da Nação. O Estado surge, quase sempre, como *argumento* contra a Constituição Europeia. Iremos ver, num primeiro trabalho, que a crise da Constituição dirigente anda a par com a emergência de um constitucionalismo europeu vincadamente dirigente. Embora a rejeição do projecto de Constituição Europeia por alguns países "representativamente europeus" não esteja ligada, pelo menos nos seus aspectos nucleares, à densidade programática deste projecto (transferida, no essencial, dos Tratados constitutivos), devemos reconhecer que algumas das dimensões problemáticas da historicidade constitucional dirigente voltaram a ser questionadas em termos teóricos e dogmáticos. Uma significativa parte da doutrina continua a discutir a Constituição a partir de premissas filosóficas hegelianas. A fórmula de um conhecido cultor da teoria do Estado e da Constituição, e influente juiz do Tribunal Constitucional Alemão, pode sintetizar este pensamento: "Lá onde não existe Estado não existe constituição e lá onde não existe um povo do Estado não existe qualquer Estado"[1].

Os esforços do estatalismo de inspiração hegeliana no sentido de negar a possibilidade de uma Constituição, pela simples razão de a União Europeia não ser um Estado, ou melhor, não dispor de *estatalidade*, passa, em primeiro lugar, pela recuperação do Estado como uma categoria política ontologicamente pré-existente e pré-condição constitutiva de qualquer ordenamento jurídico constitucional. Antes da Constituição está o Estado, e só havendo Estado pode existir Constituição. Em segundo lugar, o Estado é utilizado como argumento para, através de várias articulações entre Estado e poder do

---

[1] Referimo-nos, concretamente, a Paul Kirchhof, "Kompetenzaufteilung zwischen Mitgliedstaaten und EU", in *Europäische Gespräche*, 2/94, p. 57 ss.

Estado, Estado e Povo do Estado, Estado e Território, Estado e legitimação popular, cortar cerce a tentativa de dotar uma comunidade jurídica, como a União Europeia, de esquemas político-organizatórios idênticos aos das constituições formais dos Estados. No texto número dois, encontrará o leitor uma síntese das réplicas que temos dirigido ao estatalismo constitucional. A inexistência de um Estado Europeu não é, por si só, e por simples articulações silogísticas, um obstáculo inultrapassável à aprovação de uma Constituição da União Europeia.

O texto número três permite-nos a abordagem da *norma constitucional* como problema da Constituição Europeia. Regressamos, pela mão do direito constitucional europeu, à discussão teorética e dogmática da estrutura das normas constitucionais. O leitor poderá verificar que, afinal, alguns dos apuramentos dogmáticos sobre a tipologia das normas constantes de textos constitucionais internos, podem e devem servir de base à nova teoria da norma na Constituição Europeia.

Secção II – Textos

DA CONSTITUIÇÃO DIRIGENTE AO DIREITO COMUNITÁRIO DIRIGENTE

1. Breve apresentação

O texto que juntamos não é inteiramente original. As ideias fundamentais foram testadas em São Paulo, numa palestra proferida para a Associação de Estudantes com o título "Constituição Dirigente, hoje". Este foi um tema em que o Autor e o malogrado Francisco Lucas Pires estiveram muitas vezes em desacordo. Diríamos mesmo que a sua tese de doutoramento sobre a *Transição Dualista* é uma resposta à minha tese de doutoramento sobre a *Constituição Dirigente*. Hoje, tenho menos certezas sobre a minha tese e algumas das objecções de Lucas Pires parecem-me mais pertinentes do que quando tive de as apreciar em provas públicas. O debate vai, por certo, continuar, feito por outros e noutros condicionalismos. Mas aquilo que Lucas Pires combateu espreita, hoje, nos locais das suas esperanças – a União Europeia. E a pergunta que lhe fazemos para ele responder além-túmulo é esta: não será a "Constituição Europeia" a "Constituição Dirigente" dos nossos dias?

2. Porquê uma Constituição Dirigente

Por uma questão de método, deveremos logicamente começar pelo começo. O que é uma Constituição Dirigente? Quais são os seus postulados políticos, constitucionais, teóricos e jurídicos? Procurámos fazer o rastreio destas questões em finais da década de setenta e começos da década de oitenta. Numa recente ida a São Paulo, foi-me permitido abordar o tema: *rever a Constituição Dirigente ou romper com a Constituição Dirigente*? Hoje, vamos revisitar a questão para efectuarmos uma apreciação e balanço da ideia de dirigismo e de directividade jurídico-constitucional.

2.1 *Quatro preocupações*

Quatro ordens de preocupações sobrecarregavam o nosso caderno de investigação quando analisamos a problemática da Constituição Dirigente:

1 – Compreender a Constituição democrática portuguesa de 1976, declaradamente empenhada em servir de alavanca de Arquimedes

a um processo histórico de profundas transformações políticas, sociais e económicas.

2 – Explicar a estrutura das normas constitucionais e intelegir a viragem da doutrina no sentido de reconhecer, sem reservas, juridicidade, vinculatividade e aplicabilidade directa às chamadas normas constitucionais programáticas.

3 – Analisar a razão pela qual uma parte da doutrina dirigia críticas apaixonadas ao conhecido fenómeno "obstruccionismo da maioria", conducente ao não cumprimento ou não actuação da Constituição. Tínhamos aqui em mente o tema da *"costituzione inattuata"* dos italianos e da *"nicht erfüllte Grundgesetz"* dos alemães.

4 – Sujeitar ao crivo dogmático o princípio da força normativa da Constituição, pondo em cheque a conhecida doutrina da liberdade nos fins da função legislativa.

2.2 *Quatro máscaras*

De certo modo, os quatro tópicos anteriores eram outros tantos desafios aos imperativos "múltiplos" da nossa pessoa. Como cidadão, acreditávamos nas virtualidades das regras constitucionais para impulsionar o processo de transformação política. Nas vestes de constitucionalista, tínhamos obrigação de aprofundar, em termos analíticos e tipológicos, a riqueza de forma das normas constitucionais. Afivelando a máscara de jurista praxeologicamente empenhado, deveríamos perguntar-nos sobre a intriga de muitas normas constitucionais, acabadas de ser aprovadas pelas assembleias constituintes, passarem, no minuto seguinte, a ser alvo de crítica e de persistente erosão jurídica e política. Na qualidade de cultor da dogmática jurídica, o tema era apropriado para se analisar dogmaticamente conceitos frequentemente utilizados, mas, quase sempre, recortados com pouco rigor, como eram os da discricionariedade legislativa e da liberdade de conformação do legislador.

3. O programa e o dirigismo constitucional

Algumas constituições da nossa contemporaneidade – como a Constituição Portuguesa de 1976 e a Constituição Brasileira de 1988 – enveredaram decididamente pelo modelo das chamadas constituições programáticas. A magna carta de um país não se deveria reduzir a um esqueleto organizatório dos poderes do estado, antes devia fixar os fins e tarefas da acção dos poderes públicos e radicar os direitos fundamentais dos indivíduos, desde os clássicos direitos individuais de defesa até aos modernos direitos a prestações sociais e económicas. Acreditava-se, pois, na força normativa da Constituição e na capacidade transformadora da lei superior. Para alguns, a Constituição era mesmo o impulso decisivo para uma revolução tendente a realizar o mais ambicioso projecto da modernidade política – passar para um outro tipo de sociedade, programaticamente antecipada pelas e nas mensagens normativo-constitucionais. É claro que o modelo constitucional programático pressupunha um *sujeito* transformador, umas vezes identificado com o Estado, outras vezes associado às organizações transportadoras do ideal da emancipação. De uma forma apressada, acusava-se este modelo de beber a sua inspiração: (1) num esquema mexicano, pleno de "zapatismo constitucional"; (2) num modelo estatizante-socializante, próximo das constituições dos então estados socialistas; (3) num modelo de sociedade fechada, apoiada por alguns "amigos" mas divorciada da sociedade civil.

Não há dúvida que, nalguns textos, soavam, com clamor, as fórmulas mais rasgadas daquilo que se passou a chamar, na senda da filosofia política francesa, de *récitas emancipatórias*. Também é indiscutível que os programas constitucionais apontavam para uma decidida *estatalidade,* acreditando no Estado produtor e redistribuidor. Uma simbiose de paradigma planificador e de keynesismo económico estava presente no conglomerado normativo-programático. Hoje, isso parece quase uma "utopia", com a agravante de, ao contrário das propostas do construtivismo utópico, a utopia constitucional programática se ter arrogado a lugares e tempos concretos. Note-se, porém: o "Muro" ainda não tinha caído e as propostas económicas keynesianas só, havia pouco tempo, sofriam o vendaval político e teórico do neoliberalismo. Neste contexto, ainda se acreditava que a ordem política justa não é uma ordem económica espontânea que as mulheres e homens tenham de aceitar de forma tranquila e passiva, desde logo porque nada há a fazer. De uma forma mais ou menos confusa, as constituições programáticas, como a de Portugal e do Brasil, procuravam e procuram fornecer o braço normativo para *políticas públicas* que reunam três atributos: liberdade política, justiça social e eficácia económica. Iremos ver que a constitucionalização das políticas públicas se converteu num dos principais factores de erosão da programaticidade normativo-constitucional.

4. Normas jurídicas e proclamações

Qualquer aluno de direito torce o nariz quando lhe é explicada a estrutura das chamadas *leges imperfectae* e *minus quam perfectae*. Dissociar as ideias de coercibilidade e de sanção da natureza das normas jurídicas é algo que desliza para a heresia nos quadros das concepções imperativistas do direito. O jovem aprendiz de leis fica ainda mais aturdido quando lhe ensinamos que, nas constituições, existem normas que são verdadeiras normas e outras que só de normas têm o nome e o lugar, pois não passam de "declarações", "exortações", "retórica jurídica" e, até, de "aleluias" políticos. Entre estas normas incluir-se-ia a maior parte das chamadas normas programáticas, porque desprovidas de aplicabilidade, coercibilidade e vinculatividade. A desvalorização deste tipo de normas assentava numa dupla ordem de considerações: (1) ideológico-política, porque grande parte das normas programáticas sugere propostas politicamente conformadoras, bastante desviantes das próprias mundividências políticas dos contestatários; (2) jurídico-dogmáticas, porque, na verdade, a simples indicação de tarefas e fins, encargos e metas, pressupõe uma tarefa de concretização dos poderes públicos, cujo comportamento silente dificilmente será sujeito a sanção. O argumento (2) é importante, mas a quase generalidade da doutrina e jurisprudência do pós-guerra logo lhe deu uma resposta. As chamadas normas programáticas têm uma estrutura própria, mas isso não significa que sejam desprovidas de juridicidade, vinculatividade e aplicabilidade. Quem continua a falar de "normas programáticas" como esquemas retóricos ou declamações ideológicas é o jurista imperativista e subsuntivista, que pouco mais vê que a conclusão apodíctica dos silogismos de aplicação das normas jurídicas.

5. A liberdade de conformação do legislador

O último leque problemático relacionava-se com esta intriga: todos os poderes estão sujeitos à lei, mesmo quando se reconhece que os juízes dispõem de inequívocos poderes de concretização normativo--judicativa e que a administração goza de largas faculdades discricionárias, sobretudo quando se perfila como administração por objectivos. Em todo o caso, trata-se de actividades vinculadas à lei. Só a lei, ela própria, não estava vinculada por qualquer heteronomia, agindo o legislador com ampla liberdade de conformação. Acrescentava-se a isto o facto de a concretização das normas constitucionais não poder ser concebida como *execução* da Constituição, à semelhança da actividade administrativa executiva das leis. Por último, como as normas constitucionais programáticas se reconduzem, amiúde, a apelos de concretização pelo legislador, é fácil verificar que a problemática acaba por enfrentar a complexa questão do comportamento silente dos órgãos legislativos. Daí a tormentosa *quaestio* da inconstitucionalidade por omissão, e dos mandados de injunção, e do carácter tendencialmente infrutuoso das tentativas doutrinárias apostadas na sua operacionalidade prática. Tudo somado, teríamos de concluir pelo impasse teórico da vinculação do legislador a normas de carácter programático. Mas, mais do que isso: é de perguntar se, afinal, estes problemas não são angústias que insistem no voluntarismo normativo-constitucional da *Constituição Dirigente*, em vez de se volverem para categorias mais razoáveis como as de *constituição aberta* e *constituição democrática*.

Julgamos ter traçado algumas das questões relacionadas com o problema da Constituição Dirigente. Trata-se, como facilmente se deduzirá, de um roteiro introdutório, que não dispensa esclarecimentos mais aprofundados. A eles dedicaremos a nossa atenção, nos desenvolvimentos subsequentes.

6. Constituição Programática e Constituição Dirigente

"Constituição Programática" e "Constituição Dirigente" são sinónimos, para a maioria dos autores. No entanto, e como já tivemos oportunidade de salientar, o recorte mais afinado da "Constituição

Dirigente" foi feito em termos jurídico-dogmáticos por um autor que nada tem a ver com a defesa de constituições programáticas. Talvez não seja despiciendo recordar que Peter Lerche, na sua conhecida e clássica monografia *Übermass und Verbot,* procurou destilar, de entre a riqueza de normas constitucionais, um tipo de normas englobadas na designação de Constituição Dirigente. As normas que este autor tinha em mente conexionavam-se sobretudo com o princípio e direitos de igualdade: o direito de igualdade dos filhos nascidos dentro e fora do casamento, e os direitos de igualdade dos cônjuges. Em rigor, não estamos perante normas-tarefa ou normas-fim, mas perante um tipo de normas que, ao mesmo tempo que consagravam direitos de igualdade, impunham um dever jurídico-constitucional ao legislador no sentido de este dar concretização aos direitos de igualdade acabados de referir. Este "núcleo dirigente" da Constituição alemã era, como se sabe, bastante restrito, pois a *Grundgesetz* caracterizava-se e caracteriza-se por uma ostensiva parcimónia na utilização de normas programáticas. Como quer que seja, o esquema "dirigente" vislumbrado por Lerche, no âmbito dos direitos de igualdade, foi transposto para o terreno, mais vasto, das *normas impositivas de deveres de legislação*. Foi através desta transferência que a literatura acabou por associar "Constituição Programática" e "Constituição Dirigente". Esta não se limitava a uns quantos deveres constitucionais de actividade legiferante esparsos pela constituição, antes condensava uma rede de normas/tarefa e normas/fim globalmente impositivas de uma normação jurídico-legal. A actividade do legislador pautava-se, em termos teleológicos, pelos ditames programáticos constitucionalmente estabelecidos. Neste programa constitucionalmente vinculativo descobriram muitos autores as sementes do totalitarismo constitucional, rotundamente oposto às ideias de *Constituição Aberta* e de *Constituição Democrática*. Se a isto acrescentarmos o facto de as constituições programáticas terem formalmente constitucionalizado as próprias *políticas públicas* (política de saúde, política de ensino, política de segurança), em vez de as deixar à conformação programático-partidária, incluída em eventuais programas de governo, estaria concluído o círculo do imperialismo programático-constitucional.

7. A Constituição Dirigente perante os dez problemas da Pós-modernidade

Nos últimos tempos, temos vindo a fazer uma revisão da problemática da Constituição Dirigente. Esta revisão relaciona-se, no fundo, com a necessidade de uma nova *teoria da constituição*. Em traços largos, poderíamos esquematizar os pontos cruciais da teoria da constituição. Assim.

7.1 Problemas de inclusão

O direito constitucional revela evidentes dificuldades de responder aos desafios da *materialização* do direito. A Constituição pretendeu e pretende ser o *estatuto jurídico do político*. No entanto, o político mostra-se rebelde a uma normativização legalista, porque não é possível à norma concretizar várias práticas sociais.

Por outro lado, a Constituição Dirigente é inequivocamente um produto das concepções voluntaristas do *direito* e do *sujeito*, não tendo em conta a *auto--referencialidade* e a auto-organização de vários sistemas e subsistemas sociais.

7.2 Problemas de referência

A Constituição Dirigente era, paradoxalmente, uma constituição clássica quanto aos sujeitos de referência. Mesmo quando transportava mensagens normativas amigas dos direitos colectivos (das organizações sindicais) e dos trabalhadores, era, ainda, o indivíduo, ou o homem, que estava antropologicamente subjacente aos seus esquemas normativodirigentes. Mostrava-se praticamente indiferente aos novos sujeitos do poder: as entidades organizativas (multinacionais) e os actores neocorporativos (ordens profissionais).

7.3 Problemas de reflexividade

A Constituição Dirigente é perturbada pela *crise de reflexividade*. Através desta ideia, pretende-se, no fundo, significar a impossibilidade de o sistema regulativo central gerar um conjunto unitário de respostas dotadas de racionalidade e coerência relativamente ao conjunto cada vez mais complexo e crescente de demandas ou exigências oriundas *do* ou constituídas *no* sistema social. Esta crise de reflexividade reflecte-se, desde logo, sobre o *centro político* e sobre o sistema de fontes do ordenamento jurídico. As conhecidas *fontes de direito* – a começar pela Constituição – revelam-se funcionalmente desadequadas para servirem de impulso e constituirem as bases juridicamente conformadoras de uma sociedade diferenciada.

7.4 Problemas de universalização

São conhecidas as variações dos esquemas integradores teoreticamente construídos para explicar a força normativa da Constituição (constituição material, integração, estado, ordem jurídica). Em qualquer das suas formulações, a constituição assumia-se não só como categoria universal, mas também como universo total (universalidade e universalização). Quase não deu conta que, a seu lado, nos espaços da sua gravitação, outros universos surgiram (mercado, empresa, grupos, sistemas de informação, tecnologias), reivindicadores de universalidade específica e contestadores da validade e eficácia das normas constitucionais. Residiria, mesmo aqui, um dos paradoxos fundamentais do discurso constitucional: sobrepôr o discurso jurídico-constitucional aos *discursos reais emergentes* que transportam ou servem de gramáticas específicas, de códigos e programas informados por racionalidades próprias dos mundos parciais (economia, telecomunicações, informática).

7.5 *Problemas de materialização do direito*

Se reflectirmos um pouco, a Constituição Dirigente assumia e corria os riscos de *ocupar o lugar do superdiscurso social* com base numa concepção juridicista, purista e piramidal do ordenamento jurídico. A esfera jurídica dos diferentes âmbitos sociais (direito social, direito dos consumidores, direito do ambiente, direito biomédico), mesmo quando tinha assento no próprio texto, dificilmente era contextualizada porque as normas constitucionais alheavam-se da mudança e da inovação jurídica.

7.6 Problemas de reinvenção do território

A Constituição Dirigente era, fundamentalmente, a Constituição do Estado. Sobranceira na sua posição, dá-se mal com a perda do *território* e de *funções soberanas*. A supranacionalização e internacionalização do direito com as liberdades globalitárias – liberdade de pessoas, liberdade de mercadorias liberdade de serviços, liberdade de capitais – esvaziam o Estado e a sua Constituição (NATO, EU, MERCOSUL, NAFTA, ONU, Uruguai-Round, Schengen, informação-CNN).

7.7 Problemas de tragédia

A caracterização da *tragédia do Estado* está feita: significa a transmutação do sucesso da estatalidade em insucesso do paradigma político-estatal. Numa formulação mais chã, diz-se que o estado é vítima do seu sucesso. O estado hegeliano vê-se, agora, confrontado com a secularização da política e a contingência da ordem social.

7.8 Problemas de fundamentação

Quem se der ao trabalho de ler algumas das obras relacionadas com os temas clássicos do direito político – representação, soberania, partidos políticos, métodos eleitorais – descobrirá que existe um outro modo para os discutir. A Constituição Dirigente lidava com fins, tarefas, encargos, missões, valores. Hoje, argumenta-se racionalmente em termos de paradoxos, de dilemas e de teoremas. A racionalização argumentativa – muitas vezes em termos matemáticos – causa, aqui, alguns dos problemas sentidos em economia. A ideia dirigente compatibiliza-se com uma lógica material de valores, mas coaduna-se pouco com a razão lógica dos discursos analíticos.

7.9 Problemas de simbolização

De uma forma tendencialmente redutora, a Constituição Dirigente responde mal a três questionações de simbolização, a saber –, a da sociologia crítica, a da teoria sistémica e a da arqueologia mítico-retórica. Em alguns momentos do discurso anterior, ressaltaram já os pontos de crítica. A sociologia crítica põe em relevo o impasse do dirigismo constitucional, através da dissociação entre a *prática de dizer* e a *prática de fazer o direito*. As teorias sistémicas salientam a *falta de reflexividade* da Constituição, pois as propostas normativas não encontram, muitas vezes, qualquer adesão na sociedade. As teorias do "constitucionalismo mítico" insistem na falência do projecto voluntarista da modernidade, que esquece os mitos fundadores das comunidades políticas.

7.10 *Problemas de referência*

A Constituição Dirigente aspirava, directa ou indirectamente, a alcançar o ponto omega da modernidade política, através da organização voluntária da sociedade. Ora, as sociedades modernas pluralistas estruturam-se em termos de *complexidade,* que, longe de assentar na intencionalidade construtivista da política, radica, antes, na auto-organização. Esta mesma complexidade gera sistemas diferenciados e *códigos funcionais* diferenciados, sendo irrealista tentar, através de um código unitarizante dos vários sistemas sociais, dirigir constitucionalmente a sociedade.

Como se pode ver através deste bosquejo de problemas, a Constituição Dirigente enfrenta todos os problemas da teoria da constituição clássica, acrescidos de um *dilema congénito:* a sua ânsia de pré-formação normativa num espaço futuro impredizível, a não ser em termos utópicos.

8. Direito comunitário dirigente e vinculação do legislador

Uma importantíssima viragem na problematização da Constituição Dirigente resulta, hoje, de fenómenos da supranacionalização (Mercosul, Comunidade Europeia). O Tratado da União Europeia impõe aos Estados-Membros o dever de adopção de todas as medidas, gerais ou particulares, adequadas para assegurar o cumprimento das obrigações derivadas do Tratado (artigo 5.º). Isto significa que a vinculação assumida pela ratificação do Tratado da União Europeia implica, simultaneamente, a obrigação específica de lhe dar execução. Por outras palavras: os Estados-Membros estão obrigados a adoptar as medidas necessárias e adequadas – políticas, legislativas, regulamentares – para dar efectividade prática às imposições convencionais do Tratado de União Europeia. O incumprimento das obrigações comunitárias por parte do legislador interno está sujeito ao controlo do Tribunal de Justiça da Comunidade, através do recurso de incumprimento contra o estado membro incumpridor (Tratado EU, artigos 169.º, 170.º, 171.º). Curiosamente, o direito comunitário fornece, hoje, os exemplos mais "dirigentes" do direito actual. Servir-nos-á de exemplo um acórdão proferido pelo Tribunal de Justiça das Comunidades – o *Acórdão Francovich*.

Retira-se, assim, centralidade teórica e dogmática à Constituição Dirigente e sugere-se o carácter dirigente de tratados internacionais instituidores da União Europeia. Temos dúvidas quanto à transposição *de plano* desta ideia para o MERCOSUL, dado o carácter menos cogente do seu sistema de normas. No plano europeu, é, porém, indiscutível que, nos tratados, existem normas expressas a consagrar o dever do legislador interno quanto à transformação das directivas comunitárias. Por sua vez, o Tribunal de Justiça das Comunidades tem levado a peito a tarefa de guardião da *força normativo-dirigente do direito comunitário*. Normativo-dirigente porque, ao contrário do que afirmam hoje muitos autores defensores do perecimento da Constituição Dirigente em favor da revivescência da Constituição Aberta e Democrática, não vemos como o Tribunal poderá escorar as suas sentenças no "carácter aberto" do Tratado da União, ou no seu "carácter democrático". Por outro lado, e como vai ver-se, a lógica do Tribunal assenta no *carácter obrigacional* do cumprimento das directivas comunitárias por parte dos Estados-Membros. Vejamos como se passaram as coisas no *leading case* – *o caso Francovich*.

8.1 *O caso Francovich*

Neste célebre Acórdão estava em causa a Directiva 80/987, de 20 de Outubro de 1980, emanada do Conselho da Comunidade, em que se impunha aos Estados-Membros a harmonização das legislações nacionais em matéria de protecção dos trabalhadores assalariados, nos casos de falência ou insolvência da entidade patronal. Pretendia-se garantir um mínimo de protecção aos créditos dos trabalhadores, pelo que a Directiva estabelecia um lapso temporal – Outubro de 1983 – para que os Estados-Membros emitissem as "disposições legislativas, regulamentares e administrativas" necessárias e adequadas.

O legislador italiano permaneceu silente. Andrea Francovich e Danila Bonifaci exerciam funções de trabalho assalariado em duas empresas e foram afectadas pela cessação da relação de trabalho motivada por falência das empresas empregadoras. Tanto Francovich como Bonifaci eram titulares de créditos salariais no montante de 253 milhões de liras no momento da cessação da relação de trabalho. Passados cinco anos depois da falência, ainda os créditos salariais não se encontravam satisfeitos. O Estado italiano não se preocupou também em dar operatividade à Directiva 80/987. Os trabalhadores intentaram acções contra o Estado italiano, exigindo, entre outras coisas, o ressarcimento dos danos emergentes pela não transposição da directiva. Sob a forma de questão prejudicial, é levado este pedido ao Tribunal de Justiça das Comunidades. Este proferiu, então, uma sentença que passaria a ser considerada como *leading case,* ao consagrar "o princípio da responsabilidade do Estado por prejuízos causados aos particulares por violação do direito comunitário que lhes sejam imputáveis é um princípio inerente ao sistema do Tratado". No caso em apreço, o Tribunal não deixa dúvidas quanto à responsabilidade do Estado italiano: este deveria ter legislado de forma a cumprir as imposições comunitárias, mas não o fez, passando, assim, a ser responsável pelos prejuízos derivados do seu comportamento silente.

8.2 *Constituição Europeia Dirigente ou tratados internacionais directivos?*

Esteja, ou não, bem recortada esta responsabilidade do Estado por violação do direito comunitário (crismada pela doutrina alemã por *Gemeinschaftliche Staatshaftung),* urge chamar a atenção para o facto de as omissões legiferantes não estarem, agora, associadas a uma qualquer Constituição Dirigente mas a *tratados internacionais directivos.* Mais ainda: na lógica do Tribunal, os tratados comunitários parecem elevar-se à natureza de supraconstituição, garantidora, não apenas do direito objectivo comunitário, mas também de direitos subjectivos. Esta lógica, porém, é negada na compreensão tradicional dos institutos da inconstitucionalidade por omissão. De certo modo, o Tribunal das Comunidades fez, aqui, o que, no direito brasileiro, seria uma manifestação de justa aplicação judicial do mandado de injunção. Saber se a criação jurisprudencial comunitária, acabada de referir, é um indício da evolução do direito constitucional europeu no sentido dirigente, parece-nos ser um problema à espera de outras experiências. Por agora, registe-se o problema.

PRECISARÁ A TEORIA DA CONSTITUIÇÃO EUROPEIA DE UMA TEORIA DO ESTADO?

1.º

Colocação do Problema

Num colóquio recentemente efectuado em Estrasburgo (18/19 de Outubro de 2004) no contexto cultural franco-alemão, um dos temas em discussão foi o seguinte: necessita ou não o direito constitucional de uma teoria do Estado?[1] O propósito deste trabalho é deslocar esta interrogação para o terreno da teoria da Constituição europeia. A pergunta a fazer será, portanto, esta: precisa ou não a teoria da Constituição Europeia de uma teoria do Estado? No caso de uma resposta afirmativa, perguntar-se-á ainda: de que teoria do Estado? De uma teoria

---

[1] Cfr. Olivier JOUANJAN, "Braucht das Verfassungsrecht eine Staatslehre? – Eine französische Perspektive", e Olivier LEPSIUS, "Braucht das Verfassungsrecht eine Theorie des Staates? – Eine deutsche Perspektive: von der Staatstheorie zur Theorie der Herrschaftsformen", in *Europäische Grundrechte Zeitschrift*, 31/1--15, 2004, p. 362 ss., 370 ss.

do Estado especificamente referenciada a cada um dos Estados-membros da União Europeia? Ou de uma teoria do Estado Europeu?

A nossa resposta às interrogações colocadas será, em termos aproximados, esta: as teorias do Estado estão longe de poder servir de arrimo dogmático e doutrinal para o desejável desenvolvimento da teoria da Constituição Europeia. À demonstração desta tese dedicar-se-ão os parágrafos 2.º, 3.º e 4.º deste trabalho. Haveremos de ver, porém, que se uma teoria do Estado classicamente entendida é, a nosso ver, um esquema conceitual pouco estimulante, nem por isso deixa de ser importante recortar os contornos jurídico-constitucionais do Estado-Membro da União Europeia.

Além da teoria do Estado se nos afigurar imprestável para alicerçar um discurso teorético em torno da Constituição Europeia, também consideramos prematura a deslocação de uma teoria da Constituição Europeia para o campo da teoria do *Estado Europeu*. Iremos defrontar nesta demonstração alguns obstáculos. Em primeiro lugar, os que estão subjacentes à pretensão de reconduzir os esquemas político-organizatórios da constelação pós-nacional e pós-estadual europeia aos paradigmas clássicos do Estado-Federal ou do Estado Confederal. Em segundo lugar, uma teoria do Estado Europeu coloca todos os problemas da teoria do Estado tradicional, acrescentando-lhe outros, designadamente, o da explicação razoável de um holismo teorético-estatal aplicado a uma realidade política que se autoproclama "Unidade na diversidade" (cfr. "Preâmbulo da Constituição Europeia"). Em terceiro lugar, o chamado "patriotismo constitucional pós-nacional" não substitui de um momento para o outro a velha ideia hegeliana de uma comunidade moral em que a obrigação ética maior e superior de qualquer cidadão se reconduz a um dever doce de morrer pela Pátria (*dulce et decorum est pro patria mori*). Esta obrigação estatal (hoje cada vez mais dissolvida em deveres humanitários) transporta ainda a ideia de "substância ética" do Estado, dificilmente transmutável em substância ética de um "Estado-pós-nacional"[2].

---

[2] Vejam-se, porém, as considerações pertinentes de Jean Marc FERRY, *La Question de l'État Européen*, Paris, Gallimard, 2000, p. 165 ss.

2.º

O Estado como Argumento[3]:
Conceito de "aspiração" e de "perda"

Que argumentos poderá então invocar uma teoria do Estado no campo problemático da teoria da Constituição Europeia? As "bondades teoréticas" do conceito-categoria Estado são hoje agitadas pelos autores que acentuam os défices da teoria da Constituição. À Constituição – acentuam – falta, desde logo, a "consciência profunda" da identidade e unidade do Estado (e da Nação).

A permanência e constância do "Estado Português" perante as mutações das constituições é uma ideia-realidade profundamente enraizada como "aspiração" do Povo Português. Ora, num contexto em que a *estabilidade* profunda é confrontada com um conjunto de fenómenos de especial sensibilidade política – crescente internacionalização da ordem jurídica, supranacionalização politicamente integradora, privatização e descentralização da administração e das tarefas do Estado –, compreender-se-á que o novo paradigma seja, afinal, o velho: o "Estado como paradigma". Só o Estado pode funcionar como

---

[3] Cfr. Christoph Möllers, *Staat als Argument*, Verlag C. H. Beck, München, 2000, p. 137 ss.

categoria política ontológica capaz de fornecer substantividade própria aos limites da integração política europeia. Em rigor, o "conceito-aspiração" Estado é também um conceito de *perda*[4]. O "topos" do fim do Estado (na esteira da escola schmittiana)[5] serve de argumento contra a "desestatalização" das tarefas do Estado e contra a perda da estatalidade emergente de qualquer processo de integração política supranacional. Colocada assim a questão, é fácil de ver que o conceito apriorístico-ontológico de Estado além de não ser um conceito operatório no campo da teoria de constituição, muito menos o será no plano da Constituição Europeia. É precisamente a "União Europeia" que, sobretudo desde o Tratado de Maastricht", torna arcaico o esquema conceitual do Estado que se revela incapaz de fornecer compreensões juridicamente adequadas aos problemas do um novo fenótipo organizativo ("União Europeia de Estados" ou "associação de Estados" diferente do "Estado Federal" e da Confederação), aos problemas da aplicação preferente de normas de ordenamentos diferentes, da interconstitucio-

---

[4] A expressão pertence a um dos corifeus do "hegelianismo estatal democrático". Referimo-nos a J. Isensee: "Das Neue Paradigma heisst Staat", in *VVDSTRL* 48 (1990), p. 130.

[5] Cfr. precisamente de conceito de perda ("*Verlustbegriff*") fala Ch. Möllers, *Staat als Argument*, cit., p. 141 ss.

nalidade, do grau mais elevado de protecção de direitos fundamentais, etc. O "constitucionalismo a vários níveis" (*multilevel constitutionalism*) nunca poderá ser um "estatalismo a vários níveis". A conclusão a tirar é a de que o "Estado" pode ainda servir como conceito de enquadramento de esquemas políticos, mas tornou-se também uma categoria a que cada vez menos se pode recorrer, em termos directos e imediatos, para resolver problemas jurídico-constitucionais e jurídico-políticos[6].

3.º

O Estado como argumento: Estatalidade e Democracia

O argumento é poucas vezes clarificado quanto aos seus pressupostos lógico-políticos. No entanto, em alguma literatura referente à constituição europeia, a acusação de *deficit* democrático, dirigida à organização política supranacional europeia, tem subjacente a ideia de que o Estado é um pressuposto necessário da própria democracia. Os tópicos retóricos desta argumentação podem reconduzir-se a

---

[6] É esta também a conclusão de Ch. Möllers, *Staat als Argument*, cit., p. 140.

três encadeamentos ou concatenações silogísticas de natureza: (1) funcional (2) fundamental e (3) processual[7].

A *articulação funcional* repousa basicamente sobre a ideia de *povo do Estado*. Entre o princípio democrático e a estatalidade haveria, pois, uma imbricação necessária. O princípio democrático implica a legitimação, através do povo, dos órgãos do Estado, podendo e devendo concluir-se que, funcionalmente considerada, a estatalidade pressupõe a legitimação democrática e o princípio democrático alicerça-se no povo do Estado. Se descodificarmos este discurso tendencialmente tautológico, poderemos descortinar o esquema silogístico que lhe está subjacente:

(1) o Estado pressupõe a democracia e a democracia pressupõe o Estado; todo o poder do Estado é do povo que o exerce segundo os procedimentos democráticos; logo,
(2) qualquer desestatalização equivale a desdemocratização; logo,
(3) qualquer regulação jurídica emergente de uma constelação política não estatal e não democrática significa o "governo de leis" não emanadas pelo povo.

---
[7] Veja-se, por todos, Ch. Möllers, *Staat als Argument*, cit., p. 407 ss.

Não é preciso uma demorada suspensão reflexiva para verificar que os corolários lógicos desta concatenação funcional entre Estado, Democracia e Povo são, pelo menos, discutíveis. Desde logo, o "povo do Estado" continua a ser uma categoria opaca, pois, em vez de representar o conjunto de cidadãos, degrada-se, sim, num mero substrato pessoal de uma ordem de domínio que é o Estado ("O Estado possui o povo"). E a realidade de Estados não democráticos demonstra que estes também "possuem" o povo, sendo metodicamente prudente não encadear (quase em termos de hipóstase) Estado, Democracia e Povo. Se quisermos um ponto de partida mais satisfatório para uma teoria da Constituição Europeia, então, a focalização do binómio Estado/Democracia, Povo do Estado/legitimação democrática, deverá ser esta: o "povo do Estado", no sentido democrático, é o sujeito de legitimação do domínio estatal e de domínios supranacionais ou supraestaduais tal como ele é juridicamente conformado pelas Constituições dos Estados. A Constituição Europeia (art. I-10), ao definir a cidadania da União, pressupõe precisamente este "reenvio" ("Possui a cidadania da União qualquer pessoa que tenha a nacionalidade de um Estado-Membro").

Não menos insatisfatória é a combinação que chamámos "*fundamental*". Os corolários lógicos assentam, agora, nos binómios Estado/Poder constituinte,

Povo/Poder constituinte. Na teoria clássica do poder constituinte, considera-se incontornável a fundação de uma Constituição por um poder constituinte legitimado pelo povo do Estado. No plano fundacional, o raciocínio desdobra-se, agora, de acordo com as seguintes premissas:

(1) – a estruturação político-constitucional da União Europeia implica a fundação de um "Estado Europeu", logo,
(2) – a fundação do "Estado Europeu" exige a sua legitimação através de um poder constituinte,
(3) – o poder constituinte só pode alicerçar-se no voto do povo do Estado, logo,
(4) – é impensável um "Estado Europeu" que não tem povo (*ethnos*) nem é criado por um poder constituinte democrático (*demos*).

Já atrás dissemos que a ideia de "Estado Europeu" se deve utilizar com o máximo de contenção conceitual. Mas, mesmo que se abdique da ideia de "Estado Europeu", é razoável a exigência de legitimar o acto fundador de uma "União" positivamente integradora através de dois momentos constituintes: (1) o momento da feitura do "tratado-constituição", através de uma "convenção" democraticamente representativa; (2) o momento de ratificação deste "tratado-constituição", através da participação dos cidadãos nacionais (através dos representantes ao Parlamento, ou através de referendo).

O verdadeiro problema que aqui existe radica, não tanto no binómio estatalidade/poder constituinte, mas no facto de o princípio democrático ter de se articular juridicamente com várias exigências legitimadoras quanto aos *sujeitos*, quanto aos *objectos* e quanto aos *procedimentos*. A passagem do "Estado-soberano" para o "Estado-não soberano", a intervenção de sujeitos legitimadores diferentes do povo do Estado, a invenção de procedimentos constituintes diversos dos procedimentos constituintes clássicos exige, na verdade, mediações democráticas que só uma nova teoria da Constituição Europeia pode fornecer. Isto significa que, mais do que uma "teoria do Estado", ou uma "teoria da Constituição nacional", é necessária uma *teoria da democracia constitucional europeia*[8].

O entrelaçamento *processual* entre Estado/democracia pode formular-se com várias acentuações orgânicas. O que se pretende, em geral, salientar, é que o voto é um veículo da estatalidade na medida em que ele serve para garantir também *competências* dos órgãos do Estado, dentre os quais avulta a competência legislativa do parlamento estatal. Daqui, parte-

---

[8] Cfr. Anne Peters, *Elemente einer Theorie der Verfassung Europas*, Duncker & Humblot, Berlin, 2001, p. 620 ss.

-se para uma outra conclusão lógica: a desestatalização conduz também à desvalorização da lei como forma e instrumento central de actuação do Estado de direito democrático. Não se compreende bem se, com esta articulação processual voto/legislação, se pretende reabilitar uma teoria da lei sob as vestes de uma teoria do Estado. Vislumbra-se, de novo, o impasse dos corolários lógicos da estatalidade. A articulação de uma teoria da lei parlamentar (ou estatal) com uma teoria da lei europeia justifica, de facto, uma nova teoria do pluricentrismo da produção legislativa europeia (cfr., agora, os novos quadros legislativos da União Europeia, arts. I-33 e ss), mas isso obrigará, fundamentalmente, a um recorte da teoria do primado de normas no sentido de uma coerência sistémica dos ordenamentos constitucionais em rede, e não a regressar ao paradigma da lei estatal. Também aqui a teoria do Estado pouco préstimo dará à teoria da constituição europeia. O que a teoria do Estado poderá fornecer é, afinal, uma teoria constitucional da relação entre o ordenamento jurídico estatal e o ordenamento jurídico internacional, e das relações entre o ordenamento jurídico-constitucional federal e os ordenamentos jurídico-constitucionais estaduais (regionais)[9].

---

[9] Importantes sugestões neste sentido ver-se-á em Anne Peters, *Elemente einer Theorie der Verfassung Europas*, cit., p. 326 ss.

4.º

O Estado como Argumento: a articulação de *"Constituencies"*

Deixámos já entrever que a articulação fundamental ou fundadora entre *Estado e poder constituinte* dificilmente fornece conceitos operatórios a nível de uma teoria da Constituição Europeia. A inoperacionalidade do conceito de Estado é, agora, visível quando se procura uma nova cartografia conceitual para o encadeamento dos chamados níveis de legitimação constituinte. A teoria das *legitimações políticas duplas* assente nos binómios legitimação do Estado/ /cidadãos nacionais e legitimação supranacional europeia/cidadãos europeus aponta claramente para uma *teoria do Estado democrático constitucionalmente conformado* através de uma articulação eleitores/povo a nível estatal, regional e local. A teoria do Estado será, assim, uma teoria do Estado democrático moderno, estatal, regional e local. Não basta, porém, uma teoria da legitimação que se limite a invocar a "legitimação constituinte" dos cidadãos nacionais. A Europa, ou melhor, a União Europeia, recorta uma cidadania da União que acresce à cidadania nacional (Constituição Europeia, art.º I – 1.º). O que fica menos claro na articulação de *"constituencies"*, de cidadanias e legitimações é, afinal, uma teoria europeia da democracia que dê coerência sistémica a três dimensões políticas:

a) *Articulações de "círculos eleitorais"*

1. Eleitores/povo a nível europeu
2. Eleitores/povo a nível estatal
3. Eleitores/povo a nível regional
4. Eleitores/povo a nível local

b) *Articulações de níveis de cidadania*

1. Cidadania eleitoral (estatal)
2. Cidadania europeia

c) *Legitimações políticas*

Legitimação do Estado/cidadãos nacionais
Legitimação supra-estadual europeia/cidadãos europeus

A teoria do Estado democrático não fornece qualquer suporte à teoria especificamente europeia da legitimação do poder político. Os anteriores esquemas relativos às *cidadanias legitimadoras constituintes* permitem centrar o problema constituinte europeu na ideia de cidadania e da sua função legitimadora. Aqui, vêm entroncar, com efeito, duas linhas de argumentação: uma, a da *dupla legitimação*, outra, a da *legitimação única*. Impõe-se a desambiguação deste problema legitimatório.

Na perspectiva da dupla legitimação, qualquer Constituição Europeia, no sentido de *norma fundamental* de um "centro político" ("associações de Estados", "Estado comunitário", "Federalismo processual europeu"), implica que as instituições a criar ou a remodelar assentem numa dupla legitimação: (i) a legitimação oriunda do *Estado,* em que os *cidadãos nacionais* se pronunciam sobre bondade política da "partilha" ou "exercício em comum" de um poder constituinte; (ii) a *legitimação superestadual* promovida pelos *cidadãos europeus* que, agora, são chamados enquanto tais, ao exercício em comum do poder dos poderes (poder constituinte). Em rigor, a dupla legitimação implicará que a feitura da Constituição Europeia não possa deixar de ser sufragada, a nível interno do Estado, pelo povo, através de referendo ou através dos mecanismos de ratificação de tratados pelos representantes do povo, nos termos das respectivas constituições. Por sua vez, os cidadãos europeus devem ter formas de participar, enquanto tais, nas convenções ou assembleias destinadas a aprovar um texto constitucional europeu.

Embora pareça paradoxal, uma Teoria do Estado ancorada na substantividade ou dimensões ontológicas da estatalidade, apontaria no sentido de uma legitimação única. O *demos* europeu, ou seja, o povo europeu seria uma ficção. A realidade profunda é a do povo de eleitores – cidadãos – nacionais que, por si sós, operariam uma articulação de *constituencies*. Nesta perspectiva, não poderia nem deveria sequer falar-se de um poder constituinte democrático europeu. A "legitimação europeia" do poder constituinte só será concebível como irradiação interestadual ("os Estados são donos do tratado--constitucional") da *cascata de legitimações* operadas a nível estatal. As cidadanias estatal, regional e local, são e continuarão a ser a base da comunicação e legitimação entre ordenamentos.

É preciso tomar a sério a articulação de *constituencies*, mas esta articulação é "seriamente" prejudicada por uma Teoria do Estado. Por um lado, não basta a legitimação/cidadania de eleitores nacionais para fundar um ordenamento constitucional europeu. Por outro lado, se se dissolver a cidadania estadual e se apelar, apenas, para o cidadão europeu, corre-se o risco de transmutação do cidadão num nómada funcionalista do sistema constitucional europeu, esquecendo-se que, antes de tudo, só é cidadão europeu o cidadão de um Estado-membro. Quem recorta a cidadania, ainda, é o Estado, mediante os mecanismos da nacionalidade. Isto só demonstra que a teoria da Constituição europeia precisa de um discurso autónomo, que não aniquile, apesar de tudo, a própria *teologia política* das tradições constitucionais europeias.

5.º

O argumento do Estado: uma Teoria do Estado como consequência da Constituição Europeia?

Se a "velha" teoria do Estado, sobretudo a teoria directa ou indirectamente influenciada pelos pressupostos filosóficos e políticos da *deutsche Staatsrechtslehre*, se revela hoje desprovida de atractividade teorética, dogmática e metódica[10], nem por isso a categoria jurídica e política do Estado deve ser remetida para os arquivos da memória histórica. O que nos leva a afirmar esta necessidade da recuperação teórica e política da categoria política Estado radica, precisamente, no facto de as transformações, global ou comunitariamente (pela Comunidade/União Europeia), impostas aos mecanismos estatais obrigarem a um repensamento do próprio Estado. Vejamos.

Vários quadrantes teoréticos, políticos e jurídicos que não nutrem grande simpatia pelo Estado, proclamam o valor e indispensabilidade do *Estado supervisor e estratega*. Trata-se do Estado que é capaz de prover e definir em termos estratégicos, nos quadros da sociedade de conhecimento e inovação, as responsabilidades (autónomas ou partilhadas no contexto

---

[10] Pode ver-se a demonstração dos *deficits* deste modelo em Oliver Lepsius, "Braucht das Verfassungsrecht eine Theorie des Staates?", cit., p. 375 ss.

de organizações pós-nacionais) quanto à resolução das dissonâncias cognitivas do sistema político e social[11]. A supervisão seria, assim, a *tarefa* básica do Estado na sociedade de conhecimento.

Noutros casos, a privatização de tarefas do Estado conduz à caracterização deste como *Estado garantidor*, ou seja, um Estado concentrado sobre as tarefas nucleares, sobretudo as tarefas de autoridade. Acontece, porém, que este Estado-garantidor é, hoje, também, o *Estado-responsável* pelos resultados do processo de privatização, o que significa imputar ao Estado a responsabilidade pelos investimentos privados ("Estado garantia pós-privatizações").

O *Estado regulador* é uma outra qualificação que se vem juntar ao "novo Estado". Trata-se do Estado institucionalizador de entidades independentes, às quais é reconhecida a competência para definir e estabelecer os esquemas regulativos das regras do jogo e de dirimir conflitos em domínios sectoriais. Depois da "des-regulação", europeistamente imposta em nome da concorrência e do mercado, volta-se ao Estado para o incumbir de tarefas de "re-regulação".

Fala-se também de *Estado contratualizador*, e não de "Estado-estatutário", para acentuar o "novo Esta-

---

[11] Cf., precisamente, Helmut WILLKE, *Supervision des Staates*, Suhrkamp, Frankfurt/M, 1997, p. 9 ss.

do administrativo" que estabelece relações contratuais com os seus funcionários à semelhança do sector privado, com valorização dos elementos humanos da formação e da gestão activa do pessoal ("novo trabalho público").

Poderíamos ainda acrescentar outros adjectivos. É o caso do *Estado económico*, em substituição do Estado financeiro e fiscal, para pôr em relevo a passagem da centralidade político-financeira para a centralidade económica, ancorada no orçamento, com a consequente substituição do orçamento anual pelo orçamento plurianual, dos sistemas de controlo preventivo de despesas pelos sistemas de controlo *a posteriori*, baseados na avaliação da eficácia e da boa utilização dos recursos financeiros (e do desempenho) segundo métodos de gestão privada. É também o caso do *Estado europeísta* orientado para iniciativas de colaboração com os restantes estados europeus, de forma a aprofundar-se o "espaço administrativo europeu", caracterizado por *standards* elevados e homogéneos de resultados da acção administrativa ("acção europeísta"). Os exemplos acabados de referir parecem-nos suficientes para fundamentar a nossa tese final. A teoria da Constituição Europeia não precisa da "velha teoria do Estado", mas os "novos Estados" continuam a ser agentes insubstituíveis no compromisso constitucional europeu. Tal como as Constituições, também os Estados estarão em rede no projecto da União Europeia.

A CONSTITUIÇÃO EUROPEIA
ENTRE O PROGRAMA E A NORMA

1.º

A Constituição europeia: desafio de juristas europeus ou de juristas constitucionais?

Num estimulante artigo dedicado às tarefas do jurista europeu perante a Constituição do futuro, Peter Häberle[1] avançou nove teses sobre o "espírito da Constituição da Europa". Quem falar de Constituição europeia deve ter presente que esta Constituição é: (1) um *contrato da sociedade europeia* com os seus cidadãos, os seus municípios, as suas regiões, as suas Nações e os seus Estados Membros; (2) uma *identidade cultural* formada por várias culturas; (3) um *espaço de cultura,* de religião, educação, ensino, ciência, arte e desporto; (4) um espaço de *cultura*

---

[1] Peter Häberle, "Die Herausforderung der europäischen Juristen vor den Aufgaben unserer Verfassungs-Zukunft: 16. Entwürfe auf dem Prüfstand", in *Die Öffentliche Verwaltung*, 56, 11/2003, p. 429 ss.

jurídica assente na unidade e pluralidade, com os princípios jurídicos fundamentais, os direitos fundamentais e valores comuns a constituírem uma verdadeira "constituição do pluralismo"; (5) um espaço de *publicidade* plural, onde a política assume um papel de relevo, com os partidos, de nível europeu, as associações, as igrejas e confissões religiosas, as organizações não governamentais, as instituições científicas, e na qual caberá uma "teoria comparada da Constituição"; (6) uma *comunidade constitucional,* composta pelas Constituições nacionais e a Constituição Europeia; (7) uma *casa cultural,* onde a *cultura constitucional* de liberdade e identidade forma a dimensão profunda do processo e conteúdo da integração europeia; (8) um espaço jurídico em que desaparecerá o "Direito Europeu" para dar lugar a disciplinas como "Direito Constitucional Europeu", "Direito Administrativo Europeu", articulando as dimensões específicas europeias e as dimensões jurídico-constitucionais estaduais; (9) um espaço onde o "constituir Constitucional" faz referência a instâncias universais e a dimensões transcendentais.

Neste congresso ibero-americano, poderemos e deveremos analisar se a *cultura e comunidade constitucionais* não serão categorias universalmente possibilitadoras de um diálogo conducente a *cooperações reforçadas* entre oficiantes do mesmo ofício, inseridos em contextos constitucionais radicalmente plurais.

Nesse sentido, poder-se-á falar de uma comunidade cultural ibero-americana.

2.º

A Constituição Europeia: entre o programa e a regra

O tema que gostaríamos de apresentar aqui reconduz-nos a algumas pontualizações exploratórias tendentes a esclarecer alguns problemas jurídico--dogmáticos da futura Constituição Europeia. O primeiro, que nos parece incontornável é, desde logo, este: que *tipo de Constituição* está em projecto: uma *Constituição-quadro*, limitada ao esquema de governo e de organização do poder político da União Europeia? Uma *Constituição-programa* definidora das tarefas, fins e políticas desta União? Uma *Constituição-processo* aberta a políticas públicas alternativas ou uma *Constituição dirigente*, pormenorizadora e rectora da individualização, da organização e procedimento destas políticas? Uma *Constituição de princípios*, condensadora de princípios fundamentais, bases estruturantes e princípios jurídico-constitucionais gerais, ou uma *Constituição de regras* com normas precisas e densas, dotadas de determinabilidade, exequibilidade e imediaticidade aplicativa? Uma *Constituição de direitos*, consagradora e garantidora de direitos fundamentais, ou uma *Constituição do poder*, interessada fundamentalmente nos esquemas de criação, funcionamento e decisão dos órgãos de poder?

A resposta, como é evidente, não se coloca necessariamente em termos de alternatividade, pois em todas as Constituições há princípios, regras, programas, normas de direito, normas de organização e de competência. O problema central que está na base da nossa comunicação é, porém, o de saber que *tipo-base* de Constituição foi forjado pela Convenção encarregada de elaborar um texto constitucional europeu. Vale a pena uma breve suspensão reflexiva sobre momentos importantes do processo constituinte europeu.

2.1. *Da simplificação à quadratura do círculo*

Na Declaração de Laeken (2001), a União Europeia defrontou-se com um problema político-constitucional nuclear: superação definitiva da Europa do pós-guerra, avançando para uma "Grande União", alargada a vinte e cinco países e com instituições eficientes quanto à organização do poder e quanto à tomada de decisões, ou para uma "ONU

Europeia" limitada a areópago das declarações políticas e manifestações da vontade dos estados membros?

Relacionada com esta opção, que, como sabemos, apontou claramente no sentido da "Grande União", estava a elaboração de uma Constituição Europeia: (i) que "constitucionalizasse" o *acquis communautaire* convencional, regulamentar e jurisprudencial da União Europeia actual; (ii) que resolvesse alguns dos défices cívicos e democráticos, tornando a União um esquema organizativo mais próximo dos cidadãos; (iii) que estruturasse de forma mais consistente as relações externas e de segurança no mundo globalizado.

Para a prossecução deste objectivo, a Declaração de Laeken aproveitou as sugestões do relatório Dahene/Simon/Weiszäcker no sentido de se operar uma bipartição na legislação existente, e que consistiria na elaboração de um *tratado-base* e um *tratado complementar*. O primeiro, recolheria os princípios e valores fundamentais da União Europeia e integraria a Carta Europeia de Direitos Fundamentais. O segundo incluiria, basicamente, as políticas comunitárias já positivadas nos tratados, e a que se acrescentariam normas sobre política externa e segurança (os 2.º e 3.º pilares da U.E.). Ambos os tratados se encontram elevados ao nível de Constituição formal da União Europeia. É claro, porém, que estes tratados, integradores do "direito-base" ou primário" e do "direito das políticas ou secundário", não esgota todo o direito comunitário, havendo um importante direito derivado constante de regulamentos e directivas e considerado também como *acquis communautaire*. A impossibilidade de elevação de todo o direito terciário a direito constitucional formal, sob pena de a Constituição Europeia se transformar em "Supercódigo Europeu", explica a redacção do actual art. 10.º/1 do Projecto de Convenção, onde se consagra o primado da Constituição e do direito adoptado pelas instituições da União, no exercício das competências que lhe são atribuídas sobre o direito dos Estados membros. É possível que este artigo queira dizer apenas o que o Tribunal de Justiça das Comunidades tem dito a este respeito: o direito comunitário tem preferência de aplicação sobre o direito interno. Verifica-se, assim, que a tarefa de *selectividade material* do direito da União, que se pretendia dotar de preferência de aplicação, relativamente ao direito interno, acaba numa amálgama de direito primário ("bases"), direito secundário ("políticas") e direito terciário ("direito derivado constante de regulamentos e directivas"), que em nada contribui para a redução da complexidade das relações entre o ordenamento europeu e os ordenamentos nacionais.

2.2. *Estrutura normativa e normatividade*

A extrema variedade de normas incorporadas na Constituição Europeia criará, desde logo, relevantes problemas quanto à normatividade desta Constituição. Se entendermos por *normatividade* de uma Constituição a sua jurídica especificidade e respectivos efeitos[2], facilmente se verificará que a sua pretensão de se converter em norma e medida para a política e para o exercício do poder vai encontrar notáveis dificuldades, desde logo porque, ao constitucionalizar todas as políticas, se transforma igualmente numa *Constituição dirigente* da vida económica e social. Sendo assim, retomamos o mote principal desta intervenção. Que *tipo de Constituição* é, afinal, a Constituição Europeia? A resposta ao problema conduz-nos aos desenvolvimentos seguintes.

3.º

Da Constituição nacional dirigente à Constituição dirigente da Europa

Os "autores" da Constituição da Europa não disfarçam que ela pretende ser um acto de conformação

---

[2] Badura, "Die Normativität des Grundgesetzes", in Isensee//Kirchhof, *Staatsrecht*, VII, p. 34.

e fundação de natureza programática e ordenadora (cfr. Badura, *ob. cit.*) que procura dar à Comunidade Europeia, na sua concreta e actual situação histórica, um enquadramento jurídico constitutivo. No entanto, ao positivar constitucionalmente o catálogo das políticas, corre o risco de as críticas que por toda a parte se dirigiram contra o dirigismo constitucional imposto por algumas constituições europeias (ex.: Portugal) e não europeias (ex.: Brasil) se poderem transferir agora para a futura *Constituição dirigente europeia*. Às críticas "dirigidas contra o dirigismo" constitucional europeu acrescem outras relacionadas com o *supranacionalismo dirigente*. Comecemos por estas.

As principais retóricas políticas e argumentativas contra a Constituição dirigente europeia são, antes de mais, críticas contra a própria ideia de Constituição europeia. Quer se parta do argumento do Estado e da incontornável referência de uma Constituição à *estatalidade* (*Staatlichkeit*), particularmente agitado por alguns quadrantes jurídico-constitucionais alemães[3], quer se parta dos argumentos do *nacionalismo republicano de esquerda*, agitado com virulência por significativos sectores políticos fran-

---

[3] Cfr. a história e a desconstrução desta ideia em Cristoph Möllers, *Staat als Argument*, München, 2000.

ceses)[4], ambas estas compreensões recusam *constelações político-constitucionais pós-nacionais ou pós-estaduais*. A Constituição Europeia é aqui recusada, não porque se trate de uma Constituição dirigente, mas porque, pura e simplesmente, pretende arrogar-se a Constituição supranacional.

Outras críticas são, ou podem ser, canalizadas para o *dirigismo constitucional europeu*. Em primeiro lugar, o federalismo europeu disfarçado na Constituição Europeia transporta algumas *dimensões metanarrativas* da modernidade constitucional. A Constituição Europeia pretende ser uma récita omnicompreensiva e totalizante que confere à história europeia um significado certo e unívoco, mesmo quando reconhece com humildade as antigas discórdias. A proclamada divisa "unidos na diversidade", constante do Preâmbulo, serve para recortar os povos da Europa (o novo "sujeito histórico") e o Continente Europeu "portador de civilização" como entidade colectiva que transporta a emancipação da humanidade e continua o "progresso" por vezes interrompido. Portanto, estaríamos perante um novo historicismo europeu e uma nova filosofia da história apostada na ideia de irreversibilidade civilizadora

---

[4] Cfr. Jean-Marc Ferry, *La Question de l'État Européen*, Paris, 2000.

("progredir na via da civilização", "progresso e prosperidade e bem de todos os seus habitantes", são algumas fórmulas textuais do Preâmbulo).

Mais relacionadas com o dirigismo constitucional estão as críticas denunciadoras da elevação de tratados de uma comunidade económica a *códigos económicos de uma comunidade política*. Enquanto os estados se 'deseconomicizam', propõe-se a economização da Constituição europeia. Nesta medida, a Constituição europeia corre o risco de "irritar" sistemas com operacionalidades diferentes rotundamente disfuncionais no contexto policontextual de diferenciação dos sistemas. Em certa medida – acrescenta-se – a Constituição europeia pretende articular o dirigismo normativo-constitucional com um regulativismo económico privatista neoliberal, impondo-se uma direcção e regulação simultaneamente política e económica.

É previsível – acrescenta-se ainda – que, ao sobrecarregar-se um texto com economia e políticas, se introduza numa constituição aquilo que ela não deve ter: a instabilidade e a mutabilidade das trocas económicas e das políticas públicas.

Por último, a Constituição dirigente europeia significa a *constitucionalização fundamental* das sociedades nacionais europeias, pois, dado o seu programa económico, social, cultural, todos os problemas económicos, sociais e culturais são, ao mesmo tempo, *problemas constitucionais europeus* susceptíveis de resolução através de decisões político-constitucionais adoptadas pelo futuro "centro político europeu".

Estes argumentos devem ser contextualizados, pois o discurso sobre a Constituição europeia não deve subestimar princípios fundamentais estruturantes da competência da União, designadamente os princípios da *atribuição*, da *subsidiariedade* e da *proporcionalidade*. De qualquer modo, a constitucionalização europeia das políticas públicas exprime uma ideia típica das constituições dirigentes – a imposição de políticas e ordens de legislar no âmbito económico, social e cultural, com o consequente problema do controlo da constitucionalidade das políticas.

4.º

O direito constitucional da União Europeia. De novo uma disciplina dirigente

A Constituição dirigente europeia obriga-nos a rever algumas das teses que ultimamente vimos defendendo. Com efeito, no Livro de Homenagem a Manuel Garcia Pelayo[5], sustentamos a tese de que

---

[5] *Cinquentenário del Derecho Constitucional Comparado de Manuel Garcia Pelayo – Constitucíon y Constitucionalismo Hoy*, Caracas, 2000.

o direito constitucional passou de uma disciplina dirigente a uma disciplina dirigida.

Em primeiro lugar, porque ele nos parecia um direito progressivamente amputado, a ponto de se transformar em *direito residual*. Seria um "direito do resto do Estado", depois da transferência da competência deste a favor de organizações supranacionais (União Europeia, MercoSul) e intranacionais (OMC). A sua redução a "direitos de restos" resultaria ainda dos mecanismos de auto-regulação, dado que os esquemas reguláticos – públicos e privados – teriam revelado uma maior eficácia e ductibilidade regulativa, quando comparados com a programática estatal. "Direito de restos", ainda, em face dos crescentes *inputs* das entidades autónomas dos estados complexos – federais, regionais – a favor de competências e atribuições crescentes dessas mesmas entidades. Colocada assim a questão, deveremos ter serenidade reflexiva no sentido de apurar se o direito constitucional europeu neutraliza estas tendências, recuperando a centralidade dirigente das constituições estatais. *Prima facie*, a Constituição europeia não substitui sequer as constituições nacionais quanto ao problema central da *competência da competência*, desde logo porque a delimitação das competências da União se rege pelo *princípio da atribuição* (cfr. art. 9.º/1 e 2 do Projecto). Ou seja: o direito constitucional europeu continuaria um direito de "restos" de atribuições. Este juízo terá de relativizar-se, como facilmente se deduz da crescente "atracção" (*spill over*) de atribuições (agora também nas áreas de segurança e cooperação e justiça) por parte dos órgãos da União. No que diz respeito à invasão da regulática, as coisas não estão claras, pois, se, por um lado, a própria União favorece os esquemas de auto-regulação económica, por outro lado, a multiplicação de regulamentos e directivas sugere a juridicização heteroregulativa de muitos domínios da vida comunitária. Finalmente, não é liquido que, pelo menos no plano político, haja deslocação de competência da União para as unidades autónomas dos estados complexos, embora as "regiões" apareçam no contexto da União como entidades económico-organizativas de grande relevância.

Passemos ao segundo leque de argumentos contra o direito constitucional como direito dirigente. A crescente aceitação das ideias de direito dúctil e reflexivo, mais apto a fornecer sugestões para o político do que a traçar normativamente regras normativas para a política, parece encontrar no direito constitucional europeu um claro desmentido. Agora, as dimensões fundamentais das políticas públicas estão todas constitucionalizadas, pelo que bem se poderá argumentar que, enquanto a nível da teoria jurídica ganham aceitação as teses do *direito dúctil*, a nível europeu, pelo contrário, parecem reencontrar argumentos as teses do "direito forte", através de uma programática constitucional dirigente.

Encaremos agora as objecções ao dirigismo constitucional a partir do conceito autopoiético de evolução. Afirma-se que o direito constitucional clássico, nas suas conformações jacobina e hegeliano-bismarckiana compreendiam o direito – e, agora, também, o direito constitucional – como um sistema de *legislatio*. Por outras palavras: estruturava-se uma visão cibernética do político conducente a um esquema jurídico de injunções políticas formalmente plasmadas em normas constitucionais imperativas. Ora, a normativização da política e do político, e, sobretudo, o dirigismo constitucional abrangente dos vários subsistemas sociais, esquecia a diferenciação estrutural destes vários subsistemas – económico, político, social, cultural – para se arrogar no sistema dos sistemas.

Neste contexto, se as teses evolutivas de N. Luhmann acerca da Constituição pareciam impor-se progressivamente, o direito constitucional europeu insinua precisamente o contrário. Não obstante as cautelas transportadas nos princípios de atribuição, de subsidiariedade e de proporcionalidade, dir-se-ia que a Constituição Europeia procura reaglutinar um esquema dirigente através do direito constitucional.

PARTE TERCEIRA

As tendências do constitucionalismo global

SECÇÃO I

Sentido do tema e do problema

A última parte deste trabalho tenta uma primeira aproximação a três temas frequentemente agitados nas discussões sobre o constitucionalismo global: o constitucionalismo *multilevel* (nós preferimos interconstitucionalidade), a *transnational governance* (governação transnacional) e o *constitucionalismo internético*. É fácil detectar que eles estão intimamente ligados, embora com focalizações problemáticas diferentes.

A ideia condutora dos nossos estudos é a de que se assiste à construção de uma *rede de constitucionalidade*, muitas vezes privada, reclamada por alguns autores como um paradigma substitutivo do paradigma clássico do constitucionalismo ocidental. Sob várias designações – "Societal Constitutionalism", "Common Law Constitutionalism", "Network Governance", "Transnational Governance" – parece não haver dúvidas quanto à emergência de uma espécie de *República Comercial* (*Republica.com* é o título do estimulante livro de Cass Sunstein) em que se mistura a ilusão de uma comunidade baseada na Internet, a pretensão de excelência assente na capacidade de governação transnacional de actores privados e a utopia de um constitucionalismo global estruturado em constitucionalismos parciais civis (sem política).

Qualquer juízo peremptório sobre o futuro corre o risco de profecia sobre a incerteza. O que se nos afigura cientificamente razoável é procurar compreender o novo espírito do constitucionalismo.

Secção II – Textos

INTERCONSTITUCIONALIDADE E INTERCULTURALIDADE

1.º

Viagens a Itália e Mocho de Minerva

"... ich mit Sicherheit empfinde, dass ich so viele schätze nicht zu eignem Besitz und Privatgebrauch mitbringe, sondern dass Sie mir und modern durchs ganze Leben zur Leitung und Fördernis dienen sollen."

(J. W. Goethe, *Reise in Italien*, 1786-1788)

Numa viagem que fez a Itália, em 21 de Março de 2000, para participar num Congresso Internacional de História, Peter Häberle lembrou que algumas manifestações só podiam ter lugar em Atenas e Roma. Referia-se, como é bom de ver, a eventos históricos e culturais cujo tema fosse nada mais nada menos que a cultura. O título da sua intervenção, *Verfassung als Kultur*[1], explicitava já o *leitmotiv* de

---

[1] Cfr. Peter Häberle, "Verfassung als Kultur", in *Jahrbuch des öffentlichen Rechts der Gegenwart*, 49, p. 125 ss.

algumas das suas preocupações científicas actuais: a teoria da Constituição como ciência da cultura. Ele próprio lembrava alguns títulos da sua peregrinação cultural: "Verfassung als öffentlichen Prozess" (3.ª ed., 1998), "Verfassungslehre als Kulturwissenschaft" (2.ª ed., 1998), "Rechtsvergleichung als Kulturwissenchaft". Podemos acrescentar outros trabalhos: "Europäische Rechtskultur" (1994), "Kulturpolitik in der Staat – ein Verfassungsauftrag" (1979), "Kulturverfassungsrecht im Bundesstaat" (1980), "Kulturstaatlichkeit und Kulturverfassungsrecht" (1982)[2]. Gostaríamos de participar no programa de uma "Teoria da Constituição como Ciência da Cultura" arrancando da proposta básica de *abertura cultural* que alberga no seu seio sedimentação (tradição), transformações (inovações) e pluralidades (pluralismos). Na construção häberliana, a teoria da constituição como cultura é, simultaneamente, um modo teorético de combater posições ainda hoje enquistadas na literatura juspublicística (e não só): formalismo, estatismo, decisionismo, positivismo[3]. As

---

[2] Ver a resenha de Emílio Mikunda, "Introdución a Peter Häberle", *Teoria de la Constitución como Ciencia de la Cultura*, Madrid, 2000.

[3] São vários os momentos em que Peter Häberle enfrenta estas posições. Cfr., por todos, Peter Häberle, *Verfassungslehre als Kulturwissenschaft*, 2.ª ed., Berlin, 1998, p. 86 ss, 589, 623, 832, 971, 1061.

nossas compreensões (e pré-compreensões) teoréticas aproximam-se também das propostas de Peter Häberle quanto ao fenótipo organizativo em gestação na União Europeia. Partimos da sua caracterização como "comunidade constitucional específica" (*Werdende Verfassungsgemeinschaft eigenes Art*)[4]. A articulação das dimensões estruturantes da cultura e da comunidade (Comunidade de Cultura), sugere que se revisite o tema da União Europeia com base num esquema categorial e conceitual fundamentalmente reconduzível às ideias de *interconstitucionalidade* e de *interculturalidade*. O "mocho de Minerva" – lembra Häberle – levanta voo ao anoitecer. Oxalá que, na hora deste escrito, a sabedoria se imponha aos governantes apostados a lançar as trevas, a pretexto do combate às "forças do mal".

2.º

Interconstitucionalidade

A nossa proposta é esta: o processo de construção europeia pode e deve estudar-se a partir de uma

---

[4] Veja-se Peter Häberle, *"Gib es eine europäische Öffentlichkeit"*, Berlin, 2000.

teoria da interconstitucionalidade[5]. Em vez de lidarmos com os conceitos de "constitucionalismo multilateral" (*multilevel constitutionalism*), de "constitucionalismo cooperativo e multidimensional", de "federalismo e confederalismo constitucional", preferimos servir-nos de uma teoria da interconstitucionalidade que, como o nome indica, estuda as relações interconstitucionais de concorrência, convergência, justaposição e conflitos de várias constituições e de vários poderes constituintes no mesmo espaço político[6]. O fenómeno da interconstitucionalidade tem, de certo, precedentes. Basta pensar na ordem jurídica medieval, com o seu conglomerado de direitos no mesmo espaço jurídico[7], e na articulação da Constituição Federal, com as constituições estaduais nas confederações e nas federações de estados. Nestes estados compostos esteve (está) sempre presente a articulação do *princípio* da *sobreposição* de ordens jurídicas,

---

[5] A ideia de interconstitucionalidade foi primeiramente avançada por F. Lucas Pires, *Introdução ao Direito Constitucional Europeu*, Coimbra, 1998.

[6] Formulação de interconstitucionalidade colhida em Paulo Rangel, "Uma Teoria da Interconstitucionalidade. Pluralismo e Constituição no Pensamento de Francisco Lucas Pires", in *Themis* 1/2 (2000), p. 127 ss.

[7] Cfr. António Manuel Hespanha, *Introdução à História do Direito Europeu*, Lisboa, 1997.

do *princípio* da *autonomia* das unidades integrantes e do *princípio* da *participação* no poder central[8].

A especificidade relativa da associação europeia de estados soberanos" reconduz-se aos seguintes tópicos: (i) existência de uma *rede de constituições* de estados soberanos; (ii) *turbulência* produzida na organização constitucional dos estados soberanos pelas organizações políticas supranacionais; (iii) *recombinação* das dimensões constitucionais clássicas através de sistemas organizativos de natureza superior; (iv) articulação da *coerência constitucional* estatal com a *diversidade* de constituições inseridas na *rede interconstitucional*; (v) criação de esquemas jurídico--políticos caracterizados por um grau suficiente de *confiança condicionada* entre as várias constituições imbricadas na rede e entre essas constituições e a constituição revelada pela organização política de grandeza superior[9].

A teoria da interconstitucionalidade enfrenta, assim, o intrincado problema da articulação entre constituições e da afirmação de poderes constituintes

---

[8] Ver, por exemplo, Maurice Croisat, *Le Fédéralisme dans les democraties contemporaines*, Paris, 2.ª ed., 1995.

[9] Detecta-se que estamos a utilizar sugestões de claro recorte luhmanniano. Cfr. Niklas Luhmann, *Die Politik der Gesellschaft*, Frankfurt/M, 2000, p. 237 ss.; *Organisation und Entscheidung*, 2000, p. 302 ss.

com fontes e legitimidades diversas. Tentar-se-á, por isso, uma compreensão da fenomenologia jurídica e política de constelações ou formações políticas compostas e complexas, a partir de uma perspectiva amiga do pluralismo de ordenamentos e de normatividades[10]. Estudemos, então, os elementos básicos de uma teoria da interconstitucionalidade.

I. Textos de interconstitucionalidade

1.1. *Autodescrição e auto-suficiência nas constituições nacionais*

A interconstitucionalidade aponta para duas *autodescrições* aparentemente contraditórias. Por *autodescrições*[11] entende-se, aqui, num sentido luhmanniano, a produção de um texto com o qual, e através do qual, uma determinada organização se identifica a si própria. Não é por acaso que, no constitucionalismo moderno, o texto constitucional é muitas vezes considerado "texto fundador". É como autodescrição das identidades nacionais que as *várias*

---

[10] No direito português, cfr. Paulo Rangel, "Uma Teoria da Interconstitucionalidade", cit., p. 127 ss.

[11] Cfr. Luhmann, *Organisation und Entscheidung*, cit., p. 417 ss.

constituições dos *vários* países reentram em formas organizativas superiores. Autodescritivamente, os textos constitucionais nacionais conservam a memória e a identidade política e, quando inseridos numa rede interconstitucional, assumem-se sempre como auto-referência.

A insistência no carácter autodescritivo e auto-referente dos textos constitucionais estaduais aponta para uma outra ideia de interconstitucionalidade: a da *manutenção do valor e função das constituições estaduais*. Estas constituições desceram do "castelo" para a "rede", mas não perderam as funções identificadoras pelo facto de, agora, estarem em ligação umas com as outras. A *rede* formada por normas constitucionais nacionais e por normas europeias constitucionais ou de valor constitucional (ex.: normas princípios constantes de Tratados institutivos da União Europeia) faz abrir as portas dos estados fechados ("castelos") e relativizar princípios estruturantes da estabilidade (soberania interna e externa, independência, hierarquia de normas, competência das competências), mas não dissolve na própria rede as linhas de marca das formatações constitutivas dos estados membros. Dir-se-ia, por outras palavras, que a rede de esquemas relacionais transsubjectivos ("transestaduais") não provoca desvios genéticos no ADN constitucional incorporado nas "magnas cartas" dos Estados.

1.2 Texto interorganizativo

A interconstitucionalidade é expressão da *intraorganizatividade*. Desta forma, a *autodescrição* aponta também num outro sentido: o da *necessidade autodescritiva* da organização superior (no caso concreto, da organização da União Europeia). É discutível se a autodescrição interorganizativa pressupõe necessariamente um texto constitucional autodescritivo, expressamente formulado e legitimado como tal, ou se a descrição pode resultar da assumpção como constitucionalmente intraorganizativos de textos inicialmente concebidos como convenções interestatais. Neste último sentido, o Tribunal de Justiça das Comunidades Europeias começou a aludir aos tratados, ou, pelo menos, a alguns princípios desses tratados, como "Constituição europeia". Inversamente, a Carta dos Direitos Fundamentais da União Europeia e a "Convenção" (ainda em curso) sobre a organização constitucional europeia apontam no primeiro sentido, articulando a autodescrição das constituições nacionais em rede com a autodescrição identificadora da nova organização política. Os textos constitucionais mantêm a auto-referência dos sistemas nacionais ao mesmo tempo que reentram na rede interorganizativa para, desde logo, assegurarem o respeito das identidades nacionais (TUE, art. 6.º//3). Neste sentido, parece correcto afirmar-se que as autodescrições constitucionais são auto-observações textualmente fixadas.

3.º

Interculturalidade

A teoria da interconstitucionalidade não se resume a um problema de interorganizatividade. É também uma teoria de *interculturalidade constitucional*. A definição de intercultura, presente em qualquer dicionário moderno[12], faz realçar uma ideia básica: a de *partilha* de cultura, de "ideias ou formas de encarar o mundo e os outros".

A interconstitucionalidade construída a partir de uma *teoria pura da interorganizatividade* (de recorte luhmanniano) deixaria por explicar os espaços sempre desenvolvidos por um representativo sector da teoria clássica da Constituição: o papel *integrador* dos textos constitucionais implica também inserir conteúdos comunicativos possibilitadores da estruturação de comunidades inclusivas. Não se trata, pois, de uma "cultura de organização", ou de uma

---

[12] Ver, em português, *Dicionário da Língua Portuguesa*, Academia das Ciências de Lisboa, Lisboa, 2001, palavra "Intercultural".

"cultura de interorganização"[13]. Também não está aqui, pelo menos em primeira linha, uma antropologia cultural assente em conceitos de cultura muito ligados a construções culturais específicas. É, por exemplo, o conceito de cultura no sentido de "específica ou segunda natureza do homem", avançado por Winfried Brugger como um "conceito de integração"[14]. Um conceito de cultura transportador de dimensões interculturais é o defendido por Peter Häberle[15]: (1) cultura como mediação daquilo que "foi" num determinado momento (aspecto tradicional); (2) cultura como desenvolvimento do que foi em determinado momento, promovendo a transformação social (aspecto ou dimensão inovadora); (3) cultura como "superconceito" de várias manifestações culturais de um determinado grupo humano (dimensão pluralista).

Estas dimensões culturais interessam-nos aqui para estruturar o conceito de *interculturalidade constitucional*. A cultura, captada nas três dimensões atrás assinaladas, forma, para nos expressarmos em termos häberlianos, o *contexto dos textos* constitu-

---

[13] *Vide* esta perspectiva em N. Luhmann, *Organisation und Entscheidung*, cit., p. 241 ss.
[14] Ver Winfried Brugger, *Liberalismus, Pluralismus, Kommunitarismus*, Baden-Baden, 1999, p. 24.
[15] Cfr. Peter Häberle, *Verfassungslehre als Kulturwissenschaft*, 2.ª ed., 1996, p. 1106.

cionais. A interculturalidade constitucional é, porém, diferente de outras possíveis interculturalidades. Desde logo, da *interculturalidade comunitarista*, sobretudo na sua versão substancialista e conservadora. Este comunitarismo, mesmo quando considerado moderno, democrático, constitucional[16], carece de "abertura" para outras culturas constitucionais. Também aqui julgamos operacional para o escoramento da ideia de interconstitucionalidade/ /interculturalidade o recurso ao conceito häberliano de *cultura constitucional*. Trata-se, desde logo, do conjunto de atitudes, ideias, experiências, padrões de valores, de expectativas de acções e comportamentos objectivos dos cidadãos e dos grupos plurais. Nesta cultura, inclui-se o comportamento dos órgãos do Estado referentes à Constituição, entendida como processo público[17].

A interconstitucionalidade pressupõe, assim, uma *interculturalidade constitucional* cujo conceito básico é, precisamente, o da *constituição cultural*[18] e de *Estado constitucional cultural*. Na *auto-observação* não trivial que fazem os participantes nas comunicações interconstitucionais verifica-se que:

---

[16] Assim, W. Brügger, *Liberalismus, Pluralismus, Kommunitarismus*, cit., p. 258.
[17] Cfr. Peter Häberle, *Verfassungslehre*, cit, p. 20 ss.
[18] Cfr. Peter Häberle, *Europäische Rechtskultur*, 1994, p. 10 ss.

(1) a cultura "interconstitucional", reconduzível a ideias, valores, acções de indivíduos e de grupos, entra nos processos de troca entre as várias constituições;
(2) a interculturalidade começa por ser uma partilha comunicativa de experiências, valores e ideias não necessariamente plasmadas em vasos normativos;
(3) a *interculturalidade constitucional* nos quadros da interconstitucionalidade significa a existência de "redes comunitárias" em que, *on line,* se observam e cruzam formas de *comunitarismo conservador* (com os indivíduos, a sua forma de vida, a sua moral, os seus comportamentos, as suas compreensões de bem comum, as suas formas de integração com o indivíduo fortemente enraizado na comunidade) e formas de *comunitarismo liberal* aberto a formas de vida plurais[19].
(4) a interculturalidade constitucional é dinamizada pelos textos interorganizativos (sobretudo pelo texto da "organização interorganizativa") no sentido de um comunitarismo igualitário e universalista marcado por pertenças simbólicas, como a pertença a comunidade de indivíduos autónomos, livres e iguais.

---

[19] Cfr., por todos, W. Brügger, *Liberalismus*..., cit., p. 258.

4.º

Interparadigmaticidade Constituinte

A rede da interconstitucionalidade coloca um problema de inequívoca complexidade: a articulação de *paradigmas* diversos de poderes constituintes.

Na doutrina portuguesa[20] foi, recentemente, sugerida a distinção entre *paradigma fundacional* e *paradigma não fundacional*. Basicamente, esta distinção reconduz-se ao esquema seguinte:

(1) no *paradigma fundacional*, a norma fundamental é constituída como norma individual (no que toca ao seu objecto) referida a determinado acto ou a determinados actos constituintes;

(2) no *paradigma não fundacional* a norma fundamental é constituída como norma geral, sendo a competência reclamada por e para todos os actos de outra natureza.

A interconstitucionalidade coloca em rede os dois paradigmas constituintes. De um lado, paradigmas constituintes fundacionais (Portugal, França, Alemanha, Itália, Espanha). Do outro lado, paradigmas

---

[20] Cfr. Miguel Galvão Teles, "Revolution, *Lex Posterior* and *Lex Nova*", in E. Attwoll (dir.), *Sharing Revolution*, 1991, p. 76; "Temporalidade jurídica e Constituição", in *20 Anos da Constituição de 1976*, 2000, p. 4.

não fundacionais (Reino Unido). Coloca-se agora – no momento da Convenção sobre a Europa – o problema constituinte do texto da interorganizatividade. Esse texto – "a Constituição da Europa" – afigura-se indispensável à autodescrição identificadora da organização política superior. Qual o paradigma do texto interorganizativo? A articulação de paradigmas é já visível. Oscila-se entre uma visão não fundacional (aquela que, de certo modo, se revelava na jurisprudência do Tribunal de Justiça da Comunidade Europeia ao afirmar que já existia uma "Constituição Europeia") e uma perspectiva fundacional (aquela que se detecta na exigência actual de uma "Constituição para a União Europeia").

A interconstitucionalidade, levada até às últimas consequências no que respeita a opções paradigmáticas constituintes, defronta-se com um claro dilema: (1) ou pretende assegurar a evolução do sistema interorganizativo segundo um esquema de valores e de programação finalista (comunidade de defesa comum, política externa comum) e, neste caso, dificilmente poderá falar-se de poder constituinte evolutivo, pois a evolução não tem dimensões teleológicas ou programantes; (2) ou pretende ser evolução segundo o modelo de aquisições sucessivas ("acquis communautaire") e, nesse caso, a selecção e reforma planificada de estruturas casam-se bem com uma constituição interorganizativa não fundacional.

5.º

Intersemioticidade Constitucional

A interconstitucionalidade sugere *intersemioticidade*, no sentido de que ela não dispensa a investigação e descoberta de um conjunto de regras respeitantes à produção e interpretação dos textos constitucionais e dos respectivos discursos e práticas sociais com elas relacionados. Neste sentido se pôde afirmar, recentemente, que as constituições nacionais são dimensões relevantes de uma *hermenêutica jurídica europeia*.

As constituições desempenham, com efeito, funções de integração cultural. Há mesmo autores (P. Häberle) que defendem uma *compreensão científico--cultural da Constituição* para lhes conferir um papel chave nos processos de formação, desenvolvimento e sedimentação cultural. Depois de desempenharem e continuarem a desempenhar a função primordial de cartas vivas de identidade nacional, ou, como sustentou recentemente B. Ackermann, a função de reserva de *imperativos políticos profundos* (*deeper imperatives*)[21], passaram a contribuir, na qualidade de *constituições parciais* de espaços comunitários, para

---

[21] Cfr. B. Ackermann, *We the people. 2 – Transformations*, Cambridge/London, 1998, p. 384 ss.

a sedimentação e revelação de identidades pluralmente inclusivas. Neste contexto, as Constituições nacionais dos países membros da União Europeia converter-se-ão em instrumentos relevantíssimos de uma *hermenêutica europeia,* que procura articular o reconhecimento de identidades nacionais com a formação de uma *identidade cultural europeia*.

A intersemioticidade europeia apontará, certamente, para aquilo que M. Rosenberg designou por *tacto hermenêutico*[22] de uma justiça compreensiva no contexto de comunidades pluralistas onde se disputam várias concepções de bem. O problema que aqui se coloca é o de saber se este tacto hermenêutico passa pelo recurso a um renovado formalismo jurídico, a fim de se evitarem os dissensos profundos (ex.: entre o princípio da neutralidade religiosa do Estado e o princípio da expressa confessionalidade), ou se, pelo contrário, é possível ancorar a hermenêutica jurídica europeia numa inclusividade cultural, onde os "valores", as "ideias", as experiências – *a cultura* – não sejam, de novo, superficialmente reabsorvidos. Sabemos que muitas "propostas desconstrutivas" apontam precisamente no sentido contrário. Desde as concepções autopoiéticas até às justificações pragmatistas, passando pelo procedi-

---

[22] Cfr. M. Rosenberg, *Just Interpretations. Law between Ethics and Politics,* Berkeley/London, 1998, p. 210.

mentalismo, todas elas acabam numa clara redução dos pressupostos normativos substanciais. A via sugerida por Peter Häberle não é essa. A intersemioticidade implica articulação da busca de regras referentes à produção e interpretação dos textos constitucionais com a formulação de discursos e práticas sociais num contexto cultural pluralista. O tacto hermenêutico terá pouco a ver com formalismos, positivismos, decisionismos e estatismos[23]. As cristalizações e objectivações culturais[24] recebidas e transformadas pelos textos constitucionais permitem avançar com interpretações abertas a valores como dignidade da pessoa humana, liberdade, igualdade, democracia e socialidade. A Constituição, concebida como "processo público", transporta momentos materiais e momentos processuais[25] cuja articulação ponderada se afigura imprescindível para não cairmos nem num puro *Verfassungswertmodell* (e numa *Wertjudikatur*) nem num puro modelo procedimental de decisão democrática. A interconstitucionalidade e a interculturalidade oferecem os espaços para o *pluralismo* de intérpretes, *aberto* e *racionalmente* crítico. Peter Häberle abriu o caminho.

---

[23] Cfr. Peter Häberle, *Verfassungslehre als Kulturwissenschaft*, 2.ª ed., Berlin, 1998, P. 86 ss.
[24] Cfr. Peter Häberle, obra cit., p. 221.
[25] Cfr. Peter Häberle, *Verfassungslehre*, cit, p. 139.

CONSTITUCIONALISMO POLÍTICO E CONSTITUCIONALISMO SOCIETAL NUM MUNDO GLOBALIZADO

Recordação de um Mestre atento à historicidade constitucional

O insigne Mestre de Freiburg i. Breisgau, Professor Konrad Hesse, recentemente falecido, e a quem gostaria de prestar neste momento uma comovidíssima homenagem, há mais de dez anos vinha chamando a atenção para a radical mudança de paradigmas na compreensão do constitucionalismo. Ao escrever-me anunciando que a 20.ª edição dos seus célebres *Grundzüge* (Fundamentos) era a última, ele acrescentava: "o livro já tinha tido a sua vida". Nas últimas intervenções escritas, a sua *sagesse* continuava a fornecer iluminantes sugestões para a descoberta do espírito das leis constitucionais

> "Nós vivemos, porém, do património conceitual de um mundo que não é já o nosso e que, como se nos foi tornando sempre mais claro, encontrou o seu declínio nas profundas mudanças do volvido século

XX. A história passou por cima dos fundamentos que, até ao momento, [se recortavam] como partes constitutivas da doutrina do Estado e da Constituição".

O recente exemplo das discussões em torno do conceito de Constituição, a propósito do "tratado constitucional" para a Europa, demonstra precisamente o acerto dos juízos do Professor Konrad Hesse. A resposta ao problema de saber se a União Europeia precisa de uma Constituição é e continua a ser dada a partir da compreensão estática da ideia estatal da Constituição. Saber se a Organização Mundial do Comércio se pode perfilar como um complexo normativo-constitucional depende, quase sempre, da mobilização apriorística do arsenal conceitualista do movimento constitucional do século XVIII. Identificar os momentos essenciais do constitucionalismo é também, quase sempre, um exercício de memória e de história. O relevo é dado a um poder constituinte que edita, num certo momento, histórico e extraordinário, um texto com valor de lei superior.

A nossa posição, já explicitada em vários escritos que aqui iremos respigar, pode sintetizar-se da seguinte forma: a rigidificação da ideia constitucional corre o risco de lançar o próprio constitucionalismo para o mundo desaparecido de que falava o Professor Konrad Hesse. Em vez de uma ideia dinâmica, capaz de emprestar a agilidade indispensável para compreender os desafios constitucionais da internacionalização, da globalização e da regionalização, insiste-se num modelo estático carecido de respostas à emergência do constitucionalismo da *good governance*. Hoje, como ontem, as mutações e constâncias do constitucionalismo colocam todos os actores e autores perante a incontornável tarefa de registo das permanências constitucionais e de actualização das interacções regulatórias dinamizadas pelas leis constitucionalmente estruturantes. Se estas considerações preliminares estão certas, então poderemos, desde já, avançar para as *rupturas* paradigmáticas. São elas: (1) a indispensabilidade de superar o esquema referencial Constituição-Estado; (2) a necessidade de ultrapassar as teorias dos "momentos constitucionais" isolados e únicos e apreender o sentido e limites do chamado "constitucionalismo evolutivo"; (3) a substituição do esquema hierárquico-normativo do direito constitucional por um sistema multipolar de "governance" constitucional.

1.º

O Direito Constitucional Internacional

É um lugar comum a referência à deslocação do mundo dos Estados, na maioria das vezes Estado-Nação, para o mundo das *constelações pós-nacionais*. O "pós-estadual" e o "pós-nacional" surgem, sistematicamente, como a marca dos tempos globais.

Neste contexto, não admira que o "Estado Constitucional" apareça, hoje, confrontado com o chamado direito constitucional internacional. Fala-se, com efeito, de "direito constitucional integrado", de "estados nacionais supranacionais", de "constitucionalismo pós-nacional", de "estado constitucional cooperativamente aberto", de "estados constitucionais abertos". Por sua vez, as constituições dos Estados "supranacionalizaram-se" ou "internacionalizaram-se". Quer isto dizer que os Estados se integraram em comunidades políticas supranacionais, ou em sistemas políticos internacionais globalmente considerados. Os problemas do Estado e da Constituição só lograrão reconhecimento jurídico e político se integrados no *direito constitucional internacional*[1].

Do lado do direito internacional, as ideias chave não deixam também de ser incisivas. Os autores

---

[1] R. Uerpmann, "Internationales Verfassungsrecht", in *Juristenzeitung* 56, 2001, p. 565 ss.

referem-se à "progressiva constitucionalização do direito internacional" e detectam um conteúdo jurídico-constitucional no direito organizativo das organizações internacionais, nos pactos e convenções sobre direitos humanos e no direito económico internacional[2]. As fronteiras entre o direito constitucional e o direito internacional ter-se-iam estreitado a tal ponto que se torna possível tratar, hoje, conjuntamente, do *direito constitucional internacional* e do *direito internacional constitucional*[3].

Não bastam, como parece óbvio, fórmulas lapidares ou expressões sugestivas para recortar com rigor as dimensões básicas de um direito constitucional internacional. Vejamos quais são, a nosso ver, os problemas do constitucionalismo global.

---

[2] Cfr. Ernst-Ulrich Petersmann, *Constitutional Functions and Constitutional Problems of International Economic Law*, 1991; Joseph Weiler, *The EU, the WTO and the NAFTA. Towards a Common Law of International Trade?*, 2000; Stefan Langer, *Grundlagen einer internationalen Wirtschaftsverfassung*, 1995; Peter-Tobias Stoll, *Freihandel und Verfassung. Einzelstaatliche Gewährleistung und die konstitutionnelle Funkion der Welthandelsordnung* – GATT/WTO, ZaöRR, 57 (1997), p. 83 ss.

[3] Christian Tomuschat, "International Law: Ensuring the Survival of Mankind on the Eve of a New Century" in *Recueil des Cours*, 281, 1999, p. 9 ss.

2.º
Qual é o problema central?

Há, hoje, uma *questão constitucional* no contexto do constitucionalismo global. Essa questão, quando comparada com a questão dos movimentos constitucionais dos sécs. XVIII, XIX e XX, pode formular-se assim[4]:

> enquanto o problema da constituição nacional era a limitação jurídica do poder absoluto, o problema do constitucionalismo global reconduz-se à regulação de outras dinâmicas sociais relacionadas com a digitalização, a privatização e a rede global.

Se este é o problema, trata-se, então, de saber como é que se poderão captar os contornos jurídicos de uma constituição global. Vejamos.

1. A transferência do paradigma constitucional nacional

Alguns autores procuraram recortar a constituição global de uma forma muito semelhante à utilizada

---

[4] Cfr. G. Teubner, "Globale Zivilverfassungen: Alternativen zur staatszentrierten Verfassungstheorie", in *ZaöRV*, 1/2001, p. 2.

para as constituições internas. É o que se passa com a tentativa de erigir a *Carta das Nações Unidas*, criada pela *international community* no exercício de um poder político mundialmente legitimado[5].

Esta posição pretende alicerçar-se em posições filosóficas e teóricas conhecidas sob o nome geral de *teorias cosmopolitas*[6].

A principal crítica que se dirige a estas posições é a de que elas assentam em "grandes fantasmagorias normativas" que não têm em conta as diferenças estruturais entre uma sociedade/comunidade estatal e uma sociedade/comunidade internacional e, sobretudo a nível da organização colectiva, a sua ambiguidade quanto às tomadas de decisão, à organização de interesses e à formação democrática da vontade[7].

---

[5] Bardo Fassbender, "The United Nations Charter as Constitution of the International Community", in *Columbia Journal of Transnational Law*, 36, (1998), 529-619; Pierre-Marie Dupuy, "The Constitutional Dimension of the Charter of the United Nations Revisited", in *Max Planck Yearbook of United Nations Law*, 1, (1997), 1-33.

[6] Otfried Höffe, *"Königliche Völker": zu Kants kosmopolitischer Rechts- und Friedenstheorie*, Frankfurt, (2001), Suhrkamp; John Rawls, *The Law of Peoples*, in Shute/Hurley, *On Human Rights. The Oxford Amnesty Lectures*, New York, Basic Books (1993); Jürgen Habermas, *Die postnationale Konstellation: Politische Essays*, Frankfurt, (1998), Suhrkamp.

[7] Assim, Anton Schütz, "The Twilight of the Global *Polis*: on Losing Paradigms, Environing Systems and Observing World

2. A ideia de Constituição sem Estado a nível global

A ideia de Constituição anda geralmente associada à ideia de Estado. Mesmo que esta associação não se afigure totalmente correcta, poderemos partir de um paradigma de *constituição estatal*. Ora, não existindo um "Estado mundial", parece ser uma proposta mais aceitável aquela que alguns autores fazem salientando as potencialidade do conceito de *constituição global sem Estado mundial*. Não fica, porém, claro nestas posições quem é que substitui o Estado na qualidade de entidade política ordenadora. Com efeito, alguns parecem contentar-se com as *interacções* de vários agentes internacionais. Outros recortam os *sujeitos constitucionais*[8] internacionais, salientando o seu carácter heterogéneo e plural. Os sujeitos internacionais do processo de constitucionalização global seriam, desde logo, as organizações internacionais, as uniões internacionais de trabalhadores, as organizações não governamentais etc. Além destes sujei-

---

Society", in Gunther Teubner (org.), *Global Law Without a State*, Aldershot: Dartmouth Gower, (1997), 257-293; G. Teubner, "Globale Zivilverfassungen...", cit., pag. 3.

[8] Cfr. Christian Walter, 2001, "Constitutionalizing (Inter)national Governance: Possibilities for and Limits to the Development of an International Constitutional Law, in *German Yearbook of International* Law, 44, 170-201.

tos, o indivíduo ganharia estatuto de sujeito internacional na constituição mundial como sujeito titular de direitos fundamentais e de direitos humanos.

3. A constituição global dos direitos fundamentais

A terceira orientação a favor de uma constituição global toma como ponto de partida os direitos fundamentais e os direitos humanos, que formariam uma *constituição de direitos* global, com a consequente imposição de *deveres*. Os direitos valeriam não apenas perante as instâncias políticas mas também perante centros de poder económico[9].

4. Rede de constituições sociais globais

Com contornos mais ou menos indefinidos, sugere-se também que os vários subsistemas sociais-internacionais poderão vir a dotar-se de esquemas reguladores semelhantes aos de uma Constituição. É o

---

[9] Allan Rosas, "State Sovereignty and Human Rights: Towards a Global Constitutional Project", in *Political Studies*, XLIII (1995), p. 61 ss.; Peter Muchlinski (2001), "Human Rigths and Multinationals: Is there a problem?", in *International Affairs*, 77, 31--48.

caso, por exemplo, da "constituição da Internet", da "constituição do sistema de saúde", da "constituição da investigação genética e dos sistemas reprodutivos", da institucionalização do "diálogo interreligioso". As posições orientadas neste sentido são qualificadas como propostas de um *constitucionalismo societal* e a elas dedicaremos alguns dos desenvolvimentos seguintes.

3.º
A desdemocratização constitucional através da globalização e democratização compensatória transnacional

A construção de *constituições civis globais* como alternativas a uma teoria da constituição estatalmente centrada (G. Teubner) não pode descurar o impacto que a globalização e a *global governance* provocaram nos sistemas democráticos tradicionais. É neste contexto que se costumam abordar os chamados *deficits democráticos* do constitucionalismo global[10]. Verifica-

[10] Held, *Democracy and the New International Order*, 1995; Kohler-Koch/Ulbert, *Internationalisierung, Globalisierung und Entstaatlichung*, 1997; U. Beck, "Wie wird Demokratie im Zeitalter der Globalisierung möglich? Eine Einleitung." In *Politik der Globalisierung*, 1998; H. Brunkhorst/M. Kettner, *Globalisierung und Demokratie*, Frankfurt/M, 2000.

-se que os princípios de uma democracia constitucional ancorada no poder político do Estado – legitimação, representação, responsabilidade, controlo – são dificilmente adaptáveis a estruturas de poder globais assentes em relações económicas, militares, culturais e políticas também globais. A dificuldade de adaptação dos princípios democráticos origina os défices democráticos, que poderão resumir-se nos termos a seguir desenvolvidos.

Deficit democrático I – dependência crescente sem participação no domínio

O argumento pode formular-se assim: as decisões dos Estados têm cada vez mais efeitos extraterritoriais, em virtude das interdependências globais. Consequentemente, acabam por vincular, de forma crescente, pessoas diferentes daquelas que participaram na recolha dos titulares da decisão[11]. Assim, basta olhar para os riscos ambientais advindos de estados vizinhos, ou para as poluições transfronteiriças causadas por indústrias poluentes autorizadas pelos Estados onde elas se localizem para vermos que os titulares das decisões políticas (os titulares clássicos do domínio) são uns e as pessoas afectadas

---

[11] Cfr., por último, Anne Peters, *Elemente einer Theorie der Verfassung Europas*, Berlin, 2001, p. 745.

por essas decisões são outras, sem qualquer participação nas actividades legitimatórias do poder político. Há, porém, que relativizar o argumento, pois ele parte, ou, pelo menos, tem subjacente, a ideia de identidade entre governantes e governados, o que, na realidade, não se verifica, mesmo nos estados constitucionais democráticos.

Deficit democrático II – enfraquecimento do domínio político democrático

O argumento parte da seguinte ideia: os estados constitucionais democráticos assentam ou têm como estrutura fundante um governo *democraticamente* legitimado e com poderes ou competências de governo. Ora, dada a evolução no sentido da transnacionalização (empresas multinacionais, organizações não governamentais, mobilidade e interacção dos indivíduos), os governos nacionais perderam *poder*, porque não estão em condições de exercer o governo sobre relações transnacionais. Em rigor, trata-se mais de *perda de poder* do que de défice democrático, mas pode admitir-se que a impotência do governo democraticamente legitimado acarreta, como consequência necessária, o enfraquecimento do princípio democrático.

Deficit democrático III – falta de controlo para os titulares de decisões não estaduais

Diz-se que a *global governance* se preocupa com a eficácia e não com a legitimação, e que os agentes de governo global não são democraticamente legitimados. Tão pouco a organização interna das organizações internacionais prima pela obediência aos princípios democráticos. Isto acarreta também a falta de *controlo* e de *responsabilidade*[12]. Aceita-se que, pela sua própria natureza, a *global governance* se assemelha à religião e à economia que não podem pautar-se pelos princípios democráticos. Precisamente por isto, os modelos da *democracia cosmopolita* (David Held) ou da *democracia deliberativa* (Habermas) procuram avançar para estruturas democráticas em rede – parlamentos e governos nacionais, *ombudsmann*, tribunais, referendos transnacionais, agências internacionais sujeitas à publicidade crítica[13]. Subsiste, porém, o problema – já atrás referido – do mimetismo estatalista por parte destas teorias. Não admira, pois, a radicalização do discurso no chamado

---

[12] Cfr. F. Scharpf, *Demokratie in der transnationalen Politik*, 1998; J. Habermas, *Die posnationale Konstellation*, 1998.

[13] Archibugi, "From the United Nations to Cosmopolitan Democracy", 1995; Höffe, *Demokratie im Zeitalter der Globalisierung*, 1999.

Societal Constitutionalism, orientado para uma verdadeira ruptura dos paradigmas constitucionais[14].

4.º

A construção do "Societal Constitutionalism"

Se o constitucionalismo centrado no Estado se revela inadequado para compreender o "constitucionalismo global", pergunta-se: quais as dimensões fundamentais de um constitucionalismo voltado para as *constituições civis globais*[15]. Há que ter em conta várias dimensões[16].

1. Constituições parciais e globalização policêntrica

A globalização é, como salientam vários autores[17], um processo policêntrico, que envolve vários domí-

---

[14] Cfr. David Sciulli, *Theory of Societal Constitutionalism*, 1992, Cambridge, Cambridge University Press; *Corporate Power in Civil Society: An Application of Societal Constitutionalism*, New York, 2001.

[15] Gunther Teubner, "Globale Zivilverfassungen: Alternativen zur staatszentrierten Verfassungstheorie", in *Zeitschrift für ausländisches öffentliches Recht und Völkerrecht: Heidelberg Journal of International Law*, 1/2003, p. 1 ss.

[16] Segue-se aqui, embora não exclusivamente, G. Teubner, "Zivilverfassungen...", cit., p. 11.

[17] Cfr. Boaventura Sousa Santos, *Toward a New Common Sense: Law, Science and Politics in the Paradigmatic Transition*, New York, 1995, Routledge.

nios de actividade (economia, política, tecnologia, militar, cultural, ambiental). O policentrismo explica a função de *vários subsistemas globalizados autónomos*, articulados com a política internacional e em rede com outros subsistemas parciais globais.

2. Policentrismo e constitucionalismo

A emergência de sistemas parciais globais não significa, automaticamente, a constitucionalização jurídica destes mesmos sistemas. Dizer-se, por exemplo, que há um sistema parcial global das ciências genéticas não implica a existência, só por si, de uma constituição autónoma da genética humana. Por sua vez, a *juridicização* de sistemas parciais globais não equivale à constitucionalização dos mesmos. É possível, porém, que, no âmbito dos sistemas sociais globais, se assista ao incrementalismo de normas constitucionais. O problema do "constitucionalismo societal" é, desde logo, saber se a democratização deliberativa pode ser estendida a actores sociais nos contextos nacionais e internacionais[18]. Mas como?

---

[18] Michael Dorf/Charles Sabel, *A Constitution of Democratic Experimentalism*, 2006, Cambridge (Mass.); Wolfgang Streeck, *Internationale Wirtschaft, nationale Demokratie: Herausforderungen für die Demokratietheorie*, 1998, Frankfurt/M.

3. Constituições civis sem política?

A teoria do constitucionalismo social global propõe que as constituições sociais globais se assumam como o que verdadeiramente devem ser:

- como *constituições parciais*, declaradamente limitadas a determinados sistemas sociais (economia, ciência, cultura) e evitando qualquer pretensão de constituição mundial;
- como *constituições civis*, fora da política, de forma a tornarem visíveis os contornos de autonomia – também constitucional – das constituições parciais globais;
- como constituições *"juridicizadas"*, ou seja, constituições que não se limitem ao papel de "constituições materiais" (ou constituições reais) mas que contenham mecanismos de produção jurídica que lhe forneçam quadros jurídicos regulatórios, e, além disso, dêem fundamento à legitimação e legitimidade de algumas das suas normas como normas superiores.

O desafio desta perspectiva radica, a nosso ver, na dificuldade de articulação das fontes jurídicas autónomas e das fontes jurídicas heterónomas constitutivas da "Constituição Civil" de um sistema social global autónomo. De certo que se afasta a ideia de um poder constituinte criador de uma "constituição civil". De certo que se aproveitam as redes de regulação – regulação organizativa, associações, fundos monetários, tribunais arbitrais – que vão incrementando normas constitucionais[19]. Mas, dentro desta rede regulatória autónoma e heterónoma o que é que se pode recortar como Constituição? Quais são as dimensões constitutivas e caracterizadoras das normas constitucionais das constituições civis? A resposta, no fim de contas, não pode andar longe de alguns dos momentos paradigmáticos associados ao constitucionalismo político. São eles:

(1) *regulação jurídica* da "Constituição civil", através do acoplamento entre "sistema social" e "lei reguladora" desse sistema;
(2) *hierarquia normativa* dentro dos esquemas regulativos da Constituição social, com diferenciação entre norma constitucional e regulamentação ordinária;
(3) *controlo material* a partir de padrões materiais de controlo (ex.: direitos fundamentais) efectuado por instâncias jurisdicionais ou com poderes judiciais;
(4) *organização constitucional formal, com procedimentos e processos*, ao lado de elementos não

---

[19] Cfr. G. Teubner, "Globale Zivilverfassungen", *ZaöR*, 1/2003, p. 15.

formais, progressivamente regulativos da "Constituição social" (Constituição dual).

O esquema pode não ser idêntico para todas as "constituições civis". Mas o caminho do *societal constitutionalism* passará necessariamente por aqui.

5.º
Para uma crítica do constitucionalismo sem política

A proposta de *constituições civis globais fora da política* parte de premissas que se nos afiguram, pelo menos, problemáticas.

Em primeiro lugar, as "constituições sociais globais" respondem às exigências de uma espécie de "republicanismo contextual" em que a "dimensão civil" pressupõe um espaço político-público. Não basta, a nosso ver, falar de um acoplamento entre "sistema social" e "direito", antes se impõe descobrir como se articula a auto-organização sistémico-social com as regras políticas do espaço público. O acoplamento entre "sistema" e "direito" do sistema pressupõe um outro acoplamento que não é clarificado nas teorias das constituições civis globais – o *acoplamento* entre *governance global* e *direito global*. Daqui resulta que a regulação dos problemas societais globais dos subsistemas globais tem a pretensão de *vinculatividade global*, sem qualquer suspensão reflexiva em torno da legitimação política desta vinculatividade. Dizer-se, por exemplo, que a "lex informatica" ou a "lex electronica" arrancam de regras consuetudinárias e tecnológicas que, posteriormente, se juridicizam, não responde à questão colocada, ou seja, a legitimação da sua juridicidade.

Em segundo lugar, o constitucionalismo civil global pressupõe a *desestatização* e *comercialização/ /privatização* dos *sistemas civis globais*. Isto explica, desde logo, um clamoroso *deficit* destes subsistemas constitucionais: deixam na sombra os grandes problemas políticos globais. Não vemos como é que a privatização da política global pode introduzir agendas nuclearmente políticas (ex.: *Agenda for Peace*, *Agenda for Development*).

Em terceiro lugar, as constituições civis globais convocam sempre *altos graus de politicidade*. Assim, por exemplo, é questionável que a constituição civil do subsistema de saúde mundial dispense decisões sobre o político e a política de saúde quando se trata de combater a SIDA em países e continentes tragicamente pobres para adquirir medicamentos e produzir medicamentos. Do mesmo modo, é difícil estruturar uma constituição civil do sistema global ambiente se as traves mestras da defesa do ambiente, globalmente considerado, dependem de decisões eminentemente políticas como demonstram as vicissitudes da Declaração do Rio e do Protocolo de Kioto. Para citarmos mais um exemplo, é difícil conceber uma Constituição civil global sobre investigação genética com desprezo de dimensões ético-políticas a nível da eugenia global.

Em quarto lugar, no desenho das constituições civis globais fica por explicar a sua *acoplagem* com as *políticas nacionais*, quer estejam ou não plasmadas na Constituição. Se a literatura constitucionalista enfatiza até à exaustão a *reserva do possível* económico e social quando se trata de incrementar a realização dos direitos económicos, sociais e culturais, terá de se questionar como se pode estruturar uma Constituição civil global que desprece, à partida, os *pressupostos fácticos* e *normativos* nacionais (e supranacionais, regionais) indispensáveis a essa mesma realização. Se as constituições civis globais, embora sejam constituições juridicamente autónomas, fazem parte de um sistema de redes aglutinador de vários subsistemas globais, eles terão de *estar também em rede* com subsistemas nacionais vinculados a regras-quadro, ou até mesmo a directivas politicamente programáticas das constituições nacionais.

PODE O REFERENDO APROFUNDAR A DEMOCRACIA?

1.

Referendos e Teorias da Democracia

A discussão do referendo como instrumento de aperfeiçoamento da democracia exigiria, previamente, um recorte conceitual rigoroso de referendo e uma discussão teórica aprofundada dos esquemas referenciais entre referendo e democracia. Não vamos fazer isso aqui. Desde logo, uma boa parte das investigações teóricas mais recentes sobre o referendo adopta uma perspectiva de ciência política, bastante afastada das nossas preocupações normativas. Além disso, a discussão do referendo segundo os cânones metodológicos da ciência política exige o domínio de um *instrumentarium* teórico e científico que estamos longe de possuir[1]. A discussão, por exemplo, do referendo como instru-

---

[1] Cfr, por ex., Michael Gallagher e Pier Vincenzo Uleri, *The Referendum Experience in Europe*, 1996; Silvano Möckli, *Direkte Demokratie. Ein internationaler Vergleich*, Bern, 1994; Markku Suksi, *Bringing in the People*, Dordrecht, 1993.

mento maioritário não pode deixar de abordar a questão sob a perspectiva da *constitutional choice*. Por outro lado, a articulação de referendo e democracia pressupõe a explicitação da *teoria da democracia* que está subjacente à análise das duas categorias políticas (ex.: teorias liberais e teorias participativas da democracia). O sentido e a extensão do referendo não são os mesmos numa teoria liberal, garantística de democracia, ou numa teoria populista e "desenvolvimentalista" de democracia[2]. Tal como há várias teorias da democracia, existem também várias teorias do referendo. Pelo menos, não se pode falar de uma teoria geral do referendo, dadas as múltiplas formas e funções dos instrumentos referendários nos ordenamentos jurídicos. Assim, em vez de se perguntar se o referendo pode aperfeiçoar a democracia, talvez fosse mais pertinente recortar os *tipos* de referendo eventualmente complementadores das potencialidades do sistema democrático. Não é a mesma coisa institucionalizar-se o referendo deliberativo ou apenas o referendo consultivo. Não é a mesma coisa consagrar um *quorum* elevado para reconhecer força vinculativa à decisão referendária ou considerar suficiente qualquer maioria, indepen-

---

[2] Obras paradigmáticas sobre esta questão: Benjamin Barber, *Strong Democracy. Participatory Politics for a New Age*, Berkeley, 1984; David Held, *Models of Democracy*, Cambridge, 1987.

dentemente de *quorum* mínimo. Não é a mesma coisa limitar a iniciativa do referendo a órgãos políticos institucionalizados ou abrir o impulso referendário à iniciativa popular[3]. O referendo, ou melhor, os vários tipos de referendo podem desempenhar várias funções no sistema político, consoante a sua regulação normativa, o tipo de estado (unitário, federal), os sistemas eleitorais, os sistemas de partidos e a cultura política[4].

O estudo de vários tipos de referendo tem permitido, apesar de tudo, detectar algumas dimensões políticas fundamentais. Assim, a dinamização de um referendo *ad hoc* permite aprofundar a legitimação das decisões e captar melhor a opinião pública, embora se acentuem também os perigos da manipulação pelo governo e da desresponsabilização dos representantes parlamentares. Já o referendo dinamizado por *iniciativa popular* procura retomar algumas dimensões da ideia de autogoverno popular e vincar a consciência de uma via anti-elitista na definição da agenda política[5]. Não se furta, nalguns

---

[3] Este ponto foi relevado sobretudo por Gordon Smith, «The Referendum and Political Change», in *Government and Opposition*, 4/1975, p. 294 ss.

[4] Claramente neste sentido Maija Setälä, *Referendum and Democratic Government*, London, 1999, p. 104.

[5] John Frears, *Parties and Voters in France*, London, 1992, e Benjamin Barber, *Strong Democracy. Participatory Politics for a New Age*, Berkeley, 1984, estudaram em profundidade estes aspectos.

casos, à crítica de que, em vez de um aprofundamento de um autogoverno, temos, muitas vezes, o domínio de governo de interesses bem organizados[6]. Por sua vez, o referendo vinculativo cumpre a importantíssima função de operar como veto a decisões parlamentares ou de prevenir deliberações contra a opinião da maioria da população[7]. Nem sempre, porém, o "check" à decisão parlamentar significa progresso; pode pretender-se, pura e simplesmente, a manutenção do *status quo*. Em termos semelhantes, os referendos abrogativos servem para travar decisões parlamentares e assegurar a protecção de interesses de minorias, mas podem favorecer o *status quo*, além de poderem introduzir perturbações na coerência de políticas públicas[8].

Se é possível retirar uma conclusão tendencialmente aplicável a todas as manifestações referendárias, diríamos que os referendos têm como denominador comum reforçar e aprofundar a partici-

---

[6] Assim o demonstrou David Magleby, *Direct Legislation. Voting on Ballot Proposition in the United States*, Baltimore, 1984.

[7] Vernon Bogdanor, *The People and the Party System: the Referendum and Electoral Reform in British Politics*, Cambridge, 1981, dedicou uma particular atenção a esta dimensão de referendo vinculativo.

[8] Kris Kobach, *The Referendum. Direct Democracy in Switzerland*, Aldershit, 1993, analisou alguns destes aspectos no sistema suíço.

pação, a deliberação e a discussão públicas[9]. As análises empíricas demonstram também que os instrumentos referendários não conseguem neutralizar e resolver muitos problemas de manipulação e de abuso. Isto aconselha, segundo alguns autores, à sua normativização constitucional. A regulação do referendo na Constituição serve, pelo menos, para lhe conferir juridicidade, transparência e limites jurídicos sem esvaziar as respectivas potencialidades democráticas.

2.

Constitucionalização do Referendo

A conclusão anterior merece ser retomada. A regulação constitucional do referendo é o primeiro elemento constitutivo de um *due process* referendário. Também a este nível, a forma é irmã gémea da liberdade e inimiga jurada do arbítrio. Um referendo *ad hoc*, sem regras, ou cujas regras forem ditadas por maiorias do momento, acabará por reforçar as objecções à sua utilização como instrumento correctivo da democracia representativa (tirania da maioria, disfuncionalidade institucional, incoerência na

---

[9] Cfr. Maija Setälä, *Referendum*, cit., p. 164.

definição de linhas de direcção política). Precisamente por isso, o referendo só será um elemento de aperfeiçoamento da democracia se a lei fundamental estabelecer os princípios e as regras fundamentais quanto à iniciativa, ao objecto, ao controlo constitucional, à natureza, aos efeitos e ao procedimento. Por outras palavras: o referendo, constitucionalmente regulado, pode e deve considerar-se como um esquema instrumental de dinamização da democracia política. Não basta, como é óbvio, estar regulado na Constituição, mas a sua positivação constitucional pode emprestar-lhe previsibilidade, calculabilidade, transparência, segurança. Mais do que isso: o referendo pode servir para reforçar a legitimação de mudança ou alteração da própria Constituição. A multiplicação dos referendos na Europa para dar cobertura constitucional ao aprofundamento da União Europeia demonstra que a instituição referendária, constitucionalmente regulada, pode servir como impulso de *revisão constitucional*. A regulação constitucional do referendo tem também o seu reverso. Dá como demonstrado o que é preciso demonstrar: – o referendo, com práticas novas e teorias velhas (sempre o rousseaunismo político), é um instrumento de aperfeiçoamento da democracia. O que significa isto?

3.

Democracia Imperfeita e Democracia do Povo de Deus

O tema que nos foi proposto é precisamente este: "Pode o Referendo aperfeiçoar a democracia?" A pergunta transporta a ideia implícita de que a *democracia é sempre imperfeita* e susceptível de aperfeiçoamento. Mas não só: individualiza um instrumento – o referendo – como esquema procedimental possibilitador desse mesmo aperfeiçoamento. Só não se diz a razão da escolha do referendo. Mas compreende-se que os subentendidos da interrogação devam ser descodificados pelo responsável da resposta. Eis, pois, a nossa tarefa. Perguntar se o referendo pode aperfeiçoar a democracia pode significar várias coisas.

1. Referendo como instrumento de democracia directa

Se o referendo é um instrumento típico da democracia directa (ou semidirecta, como talvez seja mais rigoroso), então isso significa que há uma democracia – a democracia representativa – que pode assumir explicitamente a sua imperfeição e procurar enxertos de revigoramento noutro modelo de democracia – a democracia directa.

2. O referendo como instrumento de uma democracia que toma a sério a temporalidade política

É sabido que, em certas correntes de pensamento, a democracia directa é o oposto da democracia representativa. Nesta última, o povo pensa ser livre, mas limita-se a eleger todos os quatro, cinco, sete, nove anos, os seus representantes, no Parlamento ou na chefia do Estado. Na democracia directa, ao invés, o povo exercerá de forma permanente e directa o poder político. Rousseau, na esteira de Spinoza, assinalava que esta democracia era adequada ao Povo de Deus.

A pergunta não quer que os portugueses se tornem mais divinos. Talvez pretenda uma coisa mais simples: que a democracia do povo não seja uma *latência* mas sim uma *permanência*.

3. O referendo como o regresso do cidadão à cidade?

Se a democracia não é uma latência mas sim uma permanência, é possível que o apelo ao revigoramento do referendo pretenda uma ressurreição: a da *democracia dos antigos* no contexto de uma *democracia conversacional* e *comunicativa* proporcionada pelos novos condicionalismos das sociedades e democracias cosmopolitas. Dir-se-ia que quase se pretende a quadratura do círculo: revalorizar o "cidadão de Genebra" e dar força ao "homem republicano cosmopolita". Olhar para Kant, para a sua República de cidadãos autónomos e livres. Estar junto de Rousseau no meio do povo que reivindica o seu pedaço de soberania.

4.

Aperfeiçoar a democracia?

Não vale a pena recordar os referendos portugueses sobre a interrupção da gravidez e a regionalização. Vejamos um exemplo mais recente, bem localizado no terreno constitucional: o referendo constitucional francês, de 24 de Setembro de 2000, sobre a redução do mandato presidencial de 7 para 5 anos. Os resultados são expressivos:

– record absoluto de abstenção na história eleitoral francesa (69,8%);
– record de votos brancos relativamente aos votos expressos (16,1%);

– ratificação esmagadora da reforma institucional (73,2% de votos "sim")[10].

Os sociólogos, os analistas políticos e os cultores da ciência política não perderam tempo. Escalpelizaram o sentido do *voto em branco*: abstenção cívica ou expressão política? O voto branco – escreveu-se – corresponde aos novos modelos de compromisso político. Isto deixa entrever o aumento deste voto e traduz uma evolução relativa à função do voto: o voto não é apenas o momento de eleição; ele converteu-se em expressão política de um voto urbano[11]. O "eleitor branco" – acrescenta-se – é um cidadão de uma democracia em que ele gosta de participar. O voto branco – diz-se ainda – é o meio de relançar a "máquina-cidadania" e "relativizar a representatividade de alguns".

Mas, se o voto branco é um voto de cidadania, qual será, então, o significado da abstenção referendária? A "conjuntura francesa" é a explicação: "a desplebiscitarização" do referendum, a fraca confli-

---

[10] Vide Jean-Luc Parodi, "Le triangle référendaire: le scrutin du 24 Septembre 2000 est-il un référendum d'un type nouveau?» in *Revue Française de Science Politique*, 12/2001, p. 219 ss.

[11] Assim, Adelaïde Zulfikarpasic, "Le vote blanc: abstention civique ou expression politique?", in *Revue Française de Science Politique*, 1-2/2001, p. 267.

tualidade do debate, o carácter não prioritário do objecto do escrutínio, a ausência da incerteza do seu resultado, o apelo estratégico à não participação feito por certos partidos para escapar melhor à lógica binária do procedimento, a pacificação desmobilizadora da conjuntura"[12]

A pergunta é esta: aperfeiçoar-se-á a democracia através de um referendo "sem votos" ou com "votos brancos"? Se a democracia representativa hiper-partidária não é, a todos os títulos, o "jardim das delícias democráticas"[13], pergunta-se como é que a cidade republicana se aperfeiçoa com "abstenções cívicas", "votos frustrantes" e "não votos". Os autores suíços já nos alertaram: qual é o mal de votarem dez por cento dos cidadãos desde que possa votar cem por cento do povo? O "mal", a nosso ver, é o de que se produz o efeito radicalmente contrário ao que se deseja com o recurso ao referendo – aumentar a participação popular, reforçar a democracia deliberativa, impulsionar a dimensão comunicativa da democracia.

---

[12] Cfr Jean-Luc Parodi, "Le triangle référendaire", cit. p. 230.
[13] Estamos a glosar o título do sugestivo livro de Philipe Braud, *Le Jardin des délices démocratiques*, Paris, 1991.

5.

Os democratas insatisfeitos

Talvez seja possível passar das análises de conjuntura para a problematização global da democracia. Nessas análises, surge, com frequência, uma nova categoria política de cidadãos: a de "cidadãos críticos" ou de "cidadãos insatisfeitos"[14]. A insatisfação radica, por um lado, na dúvida de os governos democráticos estarem em condições de governar para além do Estado territorial, e, por outro lado, na descrença política relativamente a poliarquias estabelecidas. A articulação das duas dimensões – incapacidade de governação e saturação perante o *establishment* – conduzem, inevitavelmente, a críticas crescentes às estruturas democráticas das democracias liberais representativas.

O fenómeno não é novo, como se sabe. Já nas décadas de 60 e 70 do século passado se havia insistido na bondade política de "formas não convencionais de participação" e até na necessidade de uma "revolução participativa"[15].

---

[14] Cfr. Pippa Norris (org.), *Critical citizens. Global support for democratic governance*, Oxford, 1999; Hans-Dieter Klingemann, "Mapping Political Support in the 1990's: A global analysis", in Norris, cit. p. 31-56.

[15] Vide, por todos, Max Kaase, "Partizipatorische Revolution – Ende der Parteien?", in Joachim Raschke (org.), *Bürger und*

Não está demonstrado (não existem sequer suficientes estudos empíricos) que a crescente simpatia por formas outras de participação política esteja ligada à "euforia participatória" dos anos sessenta. Parece, porém, ser razoavelmente correcto afirmar-se que os fenómenos de "rejeição", de "indiferença", de "insatisfação", perante os esquemas clássicos de manifestação política – eleições e partidos – estão ligados a sugestões de mudanças institucionais e a novos apelos a formas de democracia directa[16].

Mas que formas de democracia directa? Se olharmos para as "mutações constitucionais" ocorridas em Portugal, verificamos que certas "correcções representativas parlamentares" informalmente introduzidas transportam claras dimensões personalístico-plebiscitárias. É, precisamente, o caso da personalização da figura de "candidato a Primeiro Ministro" com as inevitáveis tendências plebiscitárias.

Se as mudanças pretendidas ou sugeridas se orientassem apenas no sentido de plebiscitarização pessoal, teríamos, não um aperfeiçoamento da

---

Parteien: Ansichten und Analysen einer schwieriger Beziehung, Opladen, 1982, p. 173 ss.

[16] Susan Scarrow tem estudado estas mudanças. Ver "Party Competition and Institutional Change. The Expansion of Direct Democracy in Germany" in *Party Politics* (1993), p. 451 ss; "Parties and the Expansion of Direct Democracy. Who Benefits?" in *Party Politics*, 5, 1999, p. 341 ss.

democracia mas uma precipitação decisionístico-plebiscitária da poliarquia governante. As próprias eleições parlamentares – expressão máxima da democracia representativa – se transformariam em "referendo de elites" vindo de cima, das cúpulas partidárias e dos comités de influência[17]. Quando se fala de aperfeiçoamento de democracia, não se pretende, de certo, retomar tradições "bonapartistas", "decisionistas" ou "gaullistas" de plebiscito. Sugere-se, sim, o interesse, desejo e indispensabilidade de novos *inputs* democráticos no processo político democrático. Só com este *background* nos parece legítimo e desejável falar do referendo como instrumento de aperfeiçoamento da democracia.

6.

Cidadania Crítica e Referendo

Os referendos têm agora guarida constitucional no ordenamento jurídico-português. Mas não temos

---

[17] Evers e Niclauss estudaram esta evolução plebiscitária a propósito do "governo de chanceler" na Alemanha. Cfr. Tilman Evers, "Volkssouveränität im Verfahren. Die Verfassungsdiskussion über direkte Demokratie", in *APUZ*, B, 23 (1991), p. 3 ss; Karlheinz Niclauss, "Vier Wege zur unmittelbarem Bürgerbeteiligung", in *APUZ*, (1992) B. 14, p. 3 ss.

a certeza da sua bondade correctora do sistema democrático-representativo. Em primeiro lugar, aqui como noutros quadrantes culturais, os impulsos a favor de formas de "democracia semidirecta" derivam mais da insatisfação relativamente à condução da política pelas elites partidárias do que da convicção cívica em torno da participação nos assuntos políticos da cidade[18]. Em segundo lugar, há sempre que perguntar pelo *suporte* (do povo, da população) social da democracia directa. Por outras palavras: quem dinamiza e "suporta" a movimentação participativa? Os sectores populacionais "descontentes", mas com fraca formação e educação e, sobretudo, com diminuto interesse pela política, ou as cidadãs e os cidadãos com interesse permanente, formação sólida e experimentada e conhecimentos das regras de direcção política? Não se insinua, como é óbvio, uma desconfiança democrática relativamente ao povo (posição típica das teorias elitistas da política); antes nos interrogamos sobre o significado da estratificação social da participação (*stractification of participation*). Os estudos feitos em alguns países parecem demonstrar que o recrutamento de activistas

---

[18] Isto foi objecto de um aprofundado estudo de Viktoria Kaina, *Elitenvertrauen und Demokratien. Empirische Befunde zur Akzeptanz gesellschaftlicher Führungskräfte im vereinten Deutschland*, 2001, Potsdam.

políticos nos movimentos de democracia directa incide sobre estratos privilegiados da população porque os agentes políticos recrutados prosseguem estratégias racionais de êxito pessoal e colectivo[19]. Aconteceu isso, segundo cremos, nos referendos realizados em Portugal sobre a questão do aborto e a questão da regionalização. Isto leva a questionar o sentido de mudança de opinião das elites partidárias relativamente às formas de democracia directa. Desde logo, a pergunta a fazer é esta: o recurso a instrumentos de participação de democracia directa contribuirá efectivamente para neutralizar as críticas ao sistema político estabelecido e para revigorar a confiança nas instituições políticas? Afinal para que servem estes instrumentos de democracia participativa? Eis as perguntas a que procuraremos dar resposta nos desenvolvimentos seguintes.

7.

Referendo e Politização Fundamental

Poderíamos estabelecer aqui o sentido de referendo no contexto de uma *politização fundamental* da

---

[19] Vide, precisamente, Henry Brady, Kay Schlozman, Sidney Verba, "Prospecting for Participants: Rational Expectations and the Recruitment of Political Activists", in *American Political Science Review* 93 (1999), p. 237 ss.

sociedade. Expliquemos, em primeiro lugar, esta contextualização. Os modelos de compreensão são, basicamente, dois. Ou entendemos a sociedade como um conjunto de sistemas funcionalmente diferenciados (o sistema político, o sistema económico, o sistema de investigação, etc.) ou compreendemos a sociedade como uma sociedade marcadamente política. No primeiro modelo, a democracia é a fórmula de autodescrição do sistema político, é a forma em que o sistema político se organiza a si próprio[20]. No segundo modelo, a sociedade é uma sociedade *fundamentalmente politizada* porque, nela, tudo é político, tudo é susceptível de decisão, tudo é concebível como conflito de interesses carecido de decisão, tudo é politicamente aberto, tudo permite a qualquer indivíduo a inclusão na política[21].

Nesta perspectiva, que alguns já crismaram de "schmittianismo de esquerda"[22], correr-se-á, certamente, o risco da ocupação totalizante da sociedade pela política, mas abre-se também a possibilidade de intensificação da participação política. O que é que estas considerações têm a ver com a introdução do referendo?

---

[20] Cfr., precisamente, N. Luhmann, *Die Politik der Gesellschaft*, Frankfurt/M, 2000, p. 356.

[21] É a conhecida posição de Michael Greven, *Die politische Gesellschaft. Kontingenz und Dezision als Probleme des Regierens und der Demokratie*, Opladen, 1999, p. 55 ss.

A resposta é esta: o referendo poderá contribuir para uma maior visibilidade do poder e para uma maior transparência na tomada de decisões colectivamente vinculantes. É que, mesmo a aceitar-se uma compreensão funcionalmente diferenciada da sociedade, ou, talvez com mais rigor, uma compreensão da sociedade assente na diferenciação funcional, isso não significa que os subsistemas funcionalmente diferenciados sejam imunes à politização. O sistema jurídico é politizado. O sistema de comunicação social é politizado. O sistema de saúde é politizado. O sistema de ensino é politizado. Em todos estes sistemas carecemos de decisões política e colectivamente vinculativas. Sendo assim, os subsistemas são "grandezas políticas" que não podem nem devem autolegitimar-se. Em termos práticos, não nos repugnaria a existência de referendos sobre a localização de "shoppings" e "casinos", bem dentro do subsistema económico. Não afastaríamos um referendo sobre sistema de ensino. Não repudiaríamos um referendo sobre sistemas de saúde. A democracia não é apenas uma forma de autodescrição: é também um desafio de esclarecimento e imputação de responsabilidades.

---

[22] Assim, precisamente, Klaus von Beyme, *Theorie der Politik im 20 Jahrhundert. Von der Moderne zur Postmoderne*, Frankfurt/M, 1991, p. 342.

8.

O Referendo como Método de Balanceamento de Maioria/Minoria

"... Il referendum, quel picolo correttivo alla democrazia rappresentativa, concessioni minima, quasi simbolica, alla democrazia diretta, ha sconvolto uno sistema politico consolidatosi da deceni"[23]. Vale a pena recordar esta génese do referendo na Itália. Aqui, a chamada "inattuazione" da Constituição foi longa. A Corte Costituzionale só começou a funcionar em 1956 (oito anos depois da entrada em vigor da Constituição) e a institucionalização das regiões ordinárias e do próprio referendo aconteceu vinte e dois anos depois do início da vigência da Constituição de 1984. O que vale mesmo a pena salientar é que o próprio referendo só foi instituído porque a minoria parlamentar de inspiração católica assim o exigiu como contrapartida da sua renúncia ao obstrucionismo sistemático à lei do divórcio. O referendo nasceu, assim, como instrumento da minoria. Se quisermos, o referendo foi concebido, aqui, como um método de balanceamento entre "posições fortes" de maiorias e minorias em "casos difíceis".

---

[23] Assim escreve o publicista Roberto Bin, num sugestivo livro *Capire la Costituzione*, Roma – Bari, 2.ª ed., 1998, p. 71.

Mas, a ideia de balanceamento pode apontar para o reforço da democracia representativa e da centralidade parlamentar. A Itália fornece um exemplo sugestivo. Em 1948, o Partido Radical, aproveitando a onda referendária, dinamizou uma iniciativa referendária destinada a abrogar noventa e sete artigos do Código Penal. Desde os crimes de imprensa, às medidas de segurança de pessoas socialmente perigosas, da tutela penal do segredo de estado, aos crimes de associação subversiva, passando pelas infracções dos funcionários públicos, tudo era submetido à "justiça abrogativa" do povo. A estrutura dilemática do referendo – sim ou não – era postergada. Mas não só. O balanceamento de direitos, bens e interesses, as ponderações dos valores em conflito, não se reconduz a contrastes fortes de preto e branco. O referendo é instrumento de balanceamento, mas não pode aniquilar o balanceamento de razões. O "absoluto sim" e o "absoluto não" *não* aperfeiçoam a democracia.

9.

Referendo como Substituto da Segunda Câmara Parlamentar

Esta ideia pode ter particular relevo num contexto político-constitucional como o português, em que se discute a necessidade de uma segunda câmara parlamentar. Os chamados referendos abrogativos, vinculativos ou de sujeição de leis – referendos de controlo de leis ou *law-controlling referendum* – perfilam-se como instrumentos de controlo dos poderes das maiorias. Precisamente por isso, os referendos de controlo de leis são considerados, em alguns países, como eventuais substitutos funcionais para os parlamentos bicamarais. Ao funcionarem como um controlo da legislação parlamentar (*check on legislation*) eles tendem também para a manutenção do *status quo,* porque tornam mais complexo o processo da reforma legislativa[24].

No contexto jurídico-constitucional português, quer o referendo sobre a interrupção voluntária da gravidez, quer o referendo sobre a regionalização cumpriram a função do *check on legislation* e de *check on parliamentary majorities*. Temos dúvidas se os referendos se revelaram, nestas hipóteses, como um instrumento de aperfeiçoamento da democracia. Por um lado, pretenderam ser um correctivo à possível subrepresentação da opinião pública na discussão de importantes temas, mas a participação reduzida conseguiu "parar a legislação" sem que se pudesse falar de um esforço de legitimação na tomada de

---

[24] Cfr. Uleri, "Introduction", in Gallagher/Uleri, cit., p. 19 ss.

decisões parlamentares. Por outro lado, as funções de uma segunda "câmara de reflexão" (para quem a defenda) não se limitam a funções de "veto" ou de "controlo" (ex.: desempenham, também, funções de equilíbrio territorial entre regiões populosas e regiões demograficamente desertificadas, regiões ricas e regiões pobres).

10.

Referendo e Lógica de Acção Colectiva

Aos olhos de alguns, o referendo poderia servir para dar alento à *democracia dos cidadãos* (*Bürgerdemokratie*) captando as novas lógicas de "acção colectiva"[25]. Dir-se-ia que o referendo serviria para estimular "militâncias", albergar "récitas de inserção na política", dar novas razões à "razão de agir". Na mira do referendo, estaria o "engagement" individual em torno de "coisas concretas e densas" como a "luta contra a SIDA", "os movimentos contra a globalização", a "luta contra agressões ecológicas". Neste contexto, o referendo traria para o campo

---

[25] Como se sabe, é este o título do célebre livro de Mancur Olson (1965) sobre as questões do individualismo, da mobilização e da acção colectiva.

político militantes activos em torno de problemas concretos. Este tema merece, como é óbvio, investigações sociológicas cuidadosas. A "politização do concreto" tão cara aos defensores da "democracia participativa" parece estar longe de grande parte dos esquemas referendários. Começámos, precisamente, por um paradoxo – o referendo francês revela o "eleitor branco" e o "abstencionista" como novos modelos de estar na política. Longe, portanto, de tornar-se militante. Longe das lógicas dos "médicos sem fronteiras", do "SOS-racismo", dos "ecologistas profundos". O judeu português marrano de Amesterdão, Bento de Espinosa, há muito nos acautelou: "Os homens enganam-se quando se julgam livres". Têm consciência das suas acções, mas são ignorantes quanto às causas que as determinam.

CONSTITUCIONALISMO E GEOLOGIA DA *GOOD GOVERNANCE*

As propostas de substituição do velho constitucionalismo não se limitam aos desafios auto-referenciais do constitucionalismo societário. Uma outra *"Kampfparole"* surge, agora, no contexto do constitucionalismo global para empunhar a força normativa, outrora atribuída à Constituição. Estamos a referir-nos ao conceito-ideia de *"good governance"* ("boa governação", "bom governo").

1.º
A Ciência do Direito Constitucional e a *Good Governance*

Se nos perguntarem, hoje, se os anteriores desenvolvimentos da ciência do direito constitucional respondem a todos os desafios detectados no estado da arte, nós responderemos que eles constituem uma ou várias camadas geológicas da acreção desta ciência[1]. Por outras palavras: tal como na geologia, a ciência do direito constitucional aumenta a sua massa rochosa como resultado das teorias da constituição, da metódica das normas, da ponderação de princípios, da concretização de direitos fundamentais, da radicação da democracia, do estear do Estado de direito. Todos estes elementos representam estratos sedimentados e sedimentadores da mudança e da continuidade de temas, problemas e paradigmas da Ciência do Direito Constitucional.

O que se detecta, no dealbar do novo milénio, é uma nova estratificação, cujos movimentos e contornos não são fáceis de recortar. Propomo-nos abrir algumas pistas.

A primeira é esta: a Constituição deve ser considerada como *lei regulatória* em que a *good governance* assume uma dimensão básica, não apenas de "Estado administrativo", mas de um verdadeiro Estado Constitucional. Comecemos por descodificar o sentido de *good governance*. Como se sabe, trata-se de um conceito gerado no âmbito da economia e política do desenvolvimento[2] e que, nos tempos mais recen-

---

[1] Recolhemos aqui a sugestão recente de J. L. WEILER "The Geology of International Law – Governance, democracy and legitimacy", in *Zeitschrift für ausländisches öffentliches Recht und Völkerrecht* (ZAÖRV), L/2004, 547 ss.

[2] Cfr. O.E. WILLIAMSON, *Die Ökonomischen Institutionen des Kapitalismus*, 2002; *The Mechanismus of Governance*, 1996.

tes, adquiriu direitos de cidade no contexto das ciências sociais[3]. A nosso ver, trata-se de um conceito dotado de enormes potencialidades para se compreender as instituições políticas de um Estado Constitucional. Vejamos porquê.

Good governance significa, numa compreensão normativa, a condução responsável dos assuntos do Estado. Trata-se, pois, não apenas da direcção de assuntos do governo/administração mas também da prática responsável de actos por parte de outros poderes do Estado, como o poder legislativo e o poder jurisdicional. Em segundo lugar, a *good governance* acentua a interdependência internacional dos estados, colocando as questões de governo como problema de multilateralismo dos estados e de regulações internacionais. Em terceiro lugar, a "boa governança" recupera algumas dimensões do *New Public Management* como mecanismo de articulação de parcerias público-privadas, mas sem enfatização unilateral das dimensões económicas. Por último, a *good governance* insiste, novamente, em questões politicamente fortes como as da governabilidade, da responsabilidade (*accountability*) e da legitimação.

---

[3] Cfr., por exemplo, A. BENZ (org.), *Governance – Regieren in komplexen Regelsystemen*, 2004; S. LANG/O. SCHIMANK (ORG.), *Governance und gesellschaftliche Integration*, 2004; J. PIERRE (org.), *Debating Governance. Authority, Steering and Democracy*, 2000.

A compreensão político-normativa da *good governance* ainda tem a ver – diga-se em abono da verdade – com as políticas e economias do desenvolvimento cristalizadas no "Washington Consensus". Na verdade, ela confere centralidade ao problema de os Estados demonstrarem (ou não) capacidade para gerirem os problemas financeiros e administrarem os seus recursos. Mas, a "governação responsável" diz respeito também à "essência do Estado", pois o desenvolvimento sustentável, centrado na pessoa humana, envolve como elementos essenciais o respeito dos direitos humanos e das liberdades fundamentais, incluindo o respeito pelos direitos sociais fundamentais, a democracia assente no Estado de Direito, o sistema de governo transparente e responsável. Mais ainda: os direitos humanos são universais, indivisíveis e interdependentes, tal como são universalizáveis os princípios democráticos que presidem à organização do Estado e se destinam a assegurar a legitimidade da sua autoridade e a legalidade das suas acções. Ao sistema constitucional dos países compete dar operacionalidade a estes princípios, mediante mecanismos de participação (cfr. o art. 9.º da Convenção de Cotonu, celebrada entre os Estados de África, das Caraíbas, do Pacífico e a Comunidade Europeia e os seus Estados-Membros, de 23 de Junho de 2003).

Eis, aqui, um primeiro repto à nova ciência do direito constitucional. Colocar no centro das suas investigações o *princípio da condução responsável* dos assuntos do Estado. Os tópicos principais serão aqui, em termos esquemáticos, os seguintes:

1. aprofundamento do contexto político, institucional e constitucional, através da avaliação permanente do respeito pelos direitos humanos, dos princípios democráticos e do Estado de Direito;
2. centralidade do princípio do desenvolvimento sustentável e equitativo que pressupõe uma gestão transparente e responsável dos recursos humanos, naturais, económicos e financeiros ("boa governação");
3. recorte rigoroso dos esquemas procedimentais e organizativos da boa governação, designadamente
   i. – processos de decisão claros a nível das autoridades públicas;
   ii. – insituições transparentes e responsáveis
   iii. – primado do direito na gestão dos recursos
   iv. – reforço das capacidades, no que diz respeito à elaboração e aplicação de medidas especificamente destinadas a prevenir e a combater a corrupção[4].

---

[4] Estes princípios estão condensados no art. 9.º da Convenção de Cotonu e, nos quadrantes europeus, na Constituição Europeia (arts. I-45 a 52, II-99 a 106, III-398 a 399).

2.º

A teoria do Estado da "Good Governance"

Colocado assim o problema da boa governação, segue-se que fica, desde logo, por esclarecer qual o tipo de Estado capaz de assegurar os enquadramentos políticos e institucionais para a prossecução do desenvolvimento sustentável e equitativo. É indispensável ou não um Estado solidamente organizado e intervencionista? Não será preferível um "Estado regulador" (*"lean state" "Estado magro"*) que confira um lugar decisivo à liberdade privada? Basta fazer estas perguntas para se chegar à conclusão de que aqui vêm entroncar algumas pesquisas do direito constitucional contemporâneo. Referimo-nos, precisamente, à linha de investigação que considera indispensável a existência de uma teoria do Estado dentro da teoria da Constituição[5]. Há quem defenda também que a "good governance" constitui um novo enquadramento transnacional da estatalidade[6].

---

[5] Cfr., entre outros, José Luís Bolzan de Morais, Gilberto Bercovici, Mário Lúcio Quintão Soares. A matriz da teoria do Estado encontra-se na obra de Dalmo Dallari, *Elementos de Teoria Geral do Estado*, 11.ª ed., São Paulo, 1988.

[6] Ver, por exemplo, DOLZER, "Good Governance: Neues transnationales Leitbild der Staatlichkeit?", in *Zeitschrift für ausländisches öffentliches Recht und Völkerrecht* (ZAÖRV), 2/2004, p. 535 ss.

Como quer que seja, sugere-se uma outra linha principial destinada, não tanto a recortar com profundidade teórica e dogmática os princípios tradicionais do Estado de direito – protecção de segurança e da confiança jurídicas, princípio da proporcionalidade, princípio do acesso ao direito, etc. –, como a explicitar as dimensões materiais e processuais de uma estatalidade moderna. Esta estatalidade aponta para novos princípios: *princípio da transparência* dos trabalhos das instituições, dos órgãos e dos mecanismos do Estado (cfr., por exemplo, o art. I-50 e III-399 da Constituição Europeia); o *princípio da coerência* entre as diferentes políticas e acções que um Estado promove no âmbito político, económico, social, cultural, ambiental e internacional); o *princípio da abertura,* especialmente vocacionado para a procura de soluções múltiplas de governo, desde as clássicas actuações estatais, até aos novos procedimentos de negociação e de participação (vide, por exemplo, o art. III-398 da Constituição Europeia); o *princípio da eficácia* em que se coloca a questão central de um Estado promover políticas que dêem resposta às necessidades sociais com base em objectivos claros, com avaliação do seu impacto futuro e tomando em consideração a experiência anterior; por fim, o princípio da *democracia participativa,* em que as instituições políticas têm o dever fundamental de dialogar com os cidadãos e outras associações representativas (cfr., por exemplo, art. 147 da Constituição Europeia).

Globalmente considerados, estes princípios não são mais do que expressões do eterno combate contra a opacidade e *arcana praxis* das organizações de poder, e estímulos para uma nova interrogação sobre as formatações organizativas do Estado (e outras constelações políticas).

Fica também claro que a "good governance" não pode consistir numa simples política de alocação de recursos e de boas práticas orçamentais, se necessário autoritariamente impostas, com desprezo dos direitos fundamentais humanos e dos princípios basilares da democracia e do Estado de direito. Compreendem-se, assim, os esforços de uma significativa parte de doutrina na firme elevação dos direitos humanos e dos direitos fundamentais a *pré-condição básica* de qualquer boa governação[7], contra as tentativas de, a partir de teorias de ingovernabilidade, legitimar uma qualquer "metagovernação" ancorada na violência, na ideologia e nos interesses. Se, hoje, se

---

[7] Cfr. Fabio Konder COMPARATO, *A afirmação histórica dos Direitos Humanos*, 3.ª ed., Saraiva, São Paulo, 2003; Lúcia ALVARENGA, *Direitos Humanos Fundamentais. Dignidade e erradicação da pobreza*, Brasília, Brasília Jurídica, 1998; Carmen Lúcia Antunes ROCHA, "O princípio da dignidade da pessoa humana e a exclusão social", in *Interesse Público*, Porto Alegre, n.º 4, 1999; Flávia PIOVESAN, *Temas de Direitos Humanos*, São Paulo, Max Limonad, 1998.

pretende falar de um Estado que está vinculado ao *princípio da justa medida*, isso significa, sem dúvida, que ele deve ser um Estado com uma boa governança, traduzida na gestão necessária, adequada, responsável e sustentável dos seus recursos naturais e financeiros. O princípio da proporcionalidade, ao qual a jovem literatura brasileira tem dedicado particular atenção[8], deve agora ser articulado com uma outra ideia de *justa medida* na condução dos assuntos do Estado: a de uma administração e governo que estão vinculados a medidas materiais (princípios) de actuação, como sejam o princípio da sustentabilidade, o princípio da racionalização, o princípio da eficiência, o princípio da avaliação. Estes constituirão, a nosso ver, os *novos princípios* do Estado de Direito democrático. Segundo o paradigma da geologia, talvez se justifique falar de uma nova camada de princípios em fase de acreção geológica. Mas, como se vê, a "good governance" não é uma constituição nacional, supranacional ou global. Talvez se possa dizer que é um novo princípio estruturante do *multilevel constitutionalism*.

---

[8] O tema foi recentemente analisado com profundidade por Sebastian Müller-Franken, *Massvolles Verwalten*, Mohr Siebeck, Tübingen, 2004.

3.º

Good Governance e nova cidadania

Muitas das sugestões anteriores apontam decididamente para novos conceitos de cidadania. Em primeiro lugar, uma cidadania centrada também na pessoa humana, e não apenas em liberdades económicas (liberdade de circulação de pessoas, produtos, capitais). Em segundo lugar, uma cidadania que, ao pressupor a *accountability* (dever de cuidado dos poderes públicos e o dever de prestar contas) e a *responsiveness* (sintonia profunda da actuação dos poderes públicos com as aspirações dos cidadãos), retoma as dimensões da *cidadania activa e participativa*, e não apenas da cidadania representativa. Em terceiro lugar, uma cidadania para além da "cidadania estatal", pois a condução responsável e sustentável dos recursos aponta para uma *cidadania cosmopolita*, apta a lidar com as novas constelações políticas pós-nacionais. Em quarto lugar, uma *cidadania grupal* que complementa os múltiplos individuais de cidadania (associações de ambiente, organizações não governamentais, comissões de avaliação, etc.).

EM DEFESA DO PARTIDO DOS "BRANCOSOS": *REPUBLICA.COM* E OS DESAFIOS DO CONSTITUCIONALISMO ELECTRÓNICO

As páginas que vão ler-se misturam ironia com angústia, espanto com abertura. Escritos sob a influência da leitura do livro de Cass Sunstein – *republic.com* –, elas pretendem sugerir que as traves mestras do constitucionalismo poderão estar perante uma total mudança de paradigmas. Como iremos ver, o constitucionalismo estatal parece enclausurado em "linhas Maginot" com fronteiras, subterrâneos, casamatas e trincheiras, quando o envolvimento pelos *Netizen* e pelos *Cyborgs* se situa algures nas comunidades virtuais. É bem de ver que esta primeira aproximação ao tópico de hoje é apenas literária. Mas vale a pena pensar.

1.

O partido dos "Brancosos"

Gostaria de exercitar a minha/nossa cidadania no Partido dos "Brancosos". Estamos, é bom de ver, retomando a intriga de José Saramago no romance *Ensaio sobre a Lucidez*. Como se sabe, o Partido dos "Brancosos", ou seja, o partido dos que votam em branco, era o partido dos subversivos. Em vez de votarem em qualquer partido do "arco democrático" – Partido da Direita (PD), Partido da Esquerda (PE), Partido do Centro (PC) –, preferiam introduzir secretamente nas urnas uma folha em branco, renunciado ao irrenunciável direito de escolher as "escolhas escolhidas".

A conversa que nos é proposta – sobre cidadania e direito de participação plena e constitucionalismo – poderia ser uma continuação do romance de Saramago. Sob a forma de "cadeia narrativa" ou de "cascata novelesca", cada um de nós escreveria alguma coisa de forma a continuar a teia da intriga. Julgamos não ser impossível enxertar no romance esta nossa conversa, desde que as nossas falas observem minuciosamente as regras do enredo e as normas da comunicação. Expliquemo-nos.

O fio novelesco exigirá uma sequência coerente de falas, com sujeitos densos a adensarem o tom e o dom da lucidez. O espaço público da comunicação – esta comunicação que, aqui e agora, experimentamos – está aberto a um exercício de cidadania com um ponto de mira informacional: ancorar o novíssimo constitucionalismo – a *Republica.com* e o direito de participação do cidadão no direito da comunicação multimédia.

Colocada assim a questão, cremos que a intriga e provocação talvez não provoquem a ira de Saramago pela "desortodoxia" e talvez mereçam algum assentimento por parte dos organizadores deste colóquio. A melhor forma de apresentar a *lucidez comunicacional, comunicativa e constitucional* – é disto que se trata, no fim de contas – será entrar na rede dos "brancosos" e analisar o seu "programa de partido sem partido" e de Constituição sem Constituição.

2.

Daily me

"It is some time in the future. Technology has greatly increased people's ability to filter what they want to read, see, and hear". Começa assim o estimulante livro do conhecido constitucionalista americano Cass Sunstein. – *Republica.com* é o seu título.

O "Partido dos Brancosos" viu aqui um excelente instrumento subversivo. Começava por rejeitar produtos acabados de consumo. Os "brancos" não liam jornais oficiosos nem viam televisões soberanas de consumo. Liam aqui, desliam ali, tomavam notas com *"links"* e hipertextos. O mesmo acontecia com a música e com os filmes. Uma estranha linguagem de *"mix and match"*, de mistura e de jogo, veiculada através da Internet, da televisão e do computador, fazia deles criadores de notícias, cineastas e chefes de orquestra. A liberdade de expressão – lia-se no *"website"* dos "brancosos" – passa por aqui. A cidadania enreda-se na rede, ou não é cidadania. Só as ditaduras obrigam todos os cidadãos a ler o mesmo texto único, a ouvir a única emissora nacional, a ver o jornal único da única televisão.

Os "brancosos" cultivam entre eles a dúvida metódica. O "pacote de comunicações", mesmo quando personalizado, é ou não um simples *"maybe you find"*, emergente de poderes privados não democráticos? Quais são as precondições para o sistema do *"self service"* comunicacional se harmonizar com a ideia de cidadania comunicacional?

3.
Electronic Communities: global village or cyberbalkans?

Os "brancosos" eram mesmo subversivos. Criavam comunidades electrónicas para questionarem essas mesmas comunidades electrónicas. Nos *"blogues"* discutiam problemas como a fragmentação dos *"daily me"* e a *"cyberbalcanização"*. Perguntavam-se entre eles se todos os *"blogues"* e todos os *"daily me"*, enredados em insularizações, poderiam, mesmo que milhões fossem, domesticar democraticamente o poder das grandes corporações e dos conglomerados de comunicação. Questionavam-se ainda como é que da troca comunicativa e comunicacional se poderia passar para uma *democracia comunicacional*. A cidadania plena – lia-se em alguns *"websites"* dos "brancosos" – consistiria no direito de todos os cidadãos em participar na selecção dos temas a incluir na agenda política. Mesmo que toda a comunicação pertença a poderes privados ela continua a ocupar o espaço público. É ainda uma comunicação social e pública.

Os "brancosos" defendem, assim, a liberdade dos modernos e dos antigos. Liberdade dos privados, aqui, como "burgueses" amantes da liberdade individual e privada. Liberdade dos antigos, ali, no espaço público da liberdade comunicatória. Um autor recente, citado em alguns *"blogues"* dos "brancosos", coloca o dedo na ferida: como assegurar a democracia comunicacional em jeito de liberdade dos antigos, se os meios de comunicação são, hoje, um quase monopólio dos poderes de facto?[1] Deve dizer--se, em abono da verdade, que os "brancosos" faziam

---

[1] Jean-Marc Ferry, *La Question de l'État Européen*, p. 273.

o trabalho de casa e dominavam os *dossiers* do direito público da comunicação. Do "modelo imprensa" e do "modelo TV", até ao "modelo multimédia", passando pelo "modelo Telecom", tudo era agitado e discutido no espaço "Ciberbrancoso".
Aqui e ali, espevitava-se a ira radical contra a *"self-congratulatory liberal elite"*. Há "brancosos" de esquerda no cyberespaço! Não faltam sequer os "brancosos" que, seguindo Derrida[2] (*La Démocratie ajournée*, Paris, 1991), defendem uma democracia comunicativa que passa, em primeiro lugar, por levar a sério a luta contra a concentração e acumulação comunicativa.

4.

"Virtual College at NYU"

Os "brancosos" não frequentavam escolas do ensino superior. Não protestavam contra as propinas. Não reclamavam participação democrática nos órgãos de governo das universidades. Punham mesmo em causa toda a ordem universitária. Fosse pública, privada ou concordatária, com "campus" ou com "torre", com "aulas-magnas" ou com "salas

---

[2] Cfr. J. Derrida, *La Démocratie ajournée*, Paris, 1991.

Jefferson ou John Locke", essa ordem é hostil à revolução da "inteligência comunicacional".

Hoje, todos os actores sociais – desde os jovens aprendizes às empresas – podem tomar lugar em qualquer lugar do *complexo multimedia*. Saber significa comunicar. Os "brancosos" tinham redes interconectadas para o *"Teleteaching"*, para o *"Computer Training"* (CBT), para o *"Web-Training"* (WBT). As primeiras vítimas das "escolas superiores virtuais" serão os professores burocráticos, rotineiros e arrogantes. Os "brancosos" apontam o caminho para a sua reciclagem: *"teachers become facilitators, collaborators, and brokers of resources. The networks have the information, but the students need a guide"*[3]. E não se esqueceram dos proclamados desafios de Bolonha, que eles sintetizam numa fórmula sugestiva: abrir os jovens para a vida com uma nova educação e aprendizagem pós-nacional.

A suspensão reflexiva que animou os "brancosos" ganha, neste contexto das "escolas superiores globais e virtuais", curiosas fórmulas interrogativas. Existirá democracia na organização de uma universidade virtual? Subsistirá alguma cidadania universitária? O programa partidário dos "brancosos" é, aqui, ainda lacunar. Divisam-se, porém, algumas linhas marcantes.

---

[3] Andy Reinhardt, *"New ways to learn"*, in Byte, 1995.

Uma delas é a de transformarem as universidades virtuais num fórum *on-line*, num *"talking-point"* aberto a todas as formas de participação (mesas redondas, grupos de trabalho, comissões). A segunda é a de aproveitar as técnicas de comunicação interactiva (*"teleconferencing opinion"* – *"polling systems"* – *"automated feed-back programs"*) para erguer as universidades virtuais em "ágoras" electrónicas. Seria mesmo possível substituir os anacrónicos processos eleitorais das escolas democráticas por redes de consulta permanente e por referendos instantâneos.

5.
"United Virtual Nations Organization"

O partido dos "brancosos" era um partido antinacional. Viu-se electronicamente visto que dispunham de vários centros: *Center for Democracy and Technology, International Teledemocracy Center, e-The People*. Criaram mesmo um "Estado-virtual". Faziam "simulações de governo" e elegeram um "Primeiro Ministro Internet". Acreditaram na democracia electrónica, na participação directa electrónica, no referendo electrónico instantâneo. Eles próprios se proclamaram "cidadãos universais".

A "sociedade tecnotrónica" não era para os "brancosos" uma sociedade sem valores. Verificou-se mesmo que tinham lido filósofos tão célebres como Kant e Habermas. Acreditam na unidade moral do género humano, proclamam a universalidade da doutrina de direitos do homem. E tentam compreender o mundo pela óptica dos "prémio Nobel" com Amartye Sen e Joseph Stiglitz. Vejam só: consideram o *"Washington Consensus"* como o sigilo imperial da negação da beleza e da complexidade do mundo[4]. São contra a liberalização incontrolada de movimentos de capitais financeiros que encobrem tráfego de armas, tráfego de droga e tráfego de seres humanos. São contra a desregulamentação do mercado de trabalho. São contra o desmantelamento do Estado Social que, não raras vezes, conduz a um "Estado penal regulador". São contra a hegemonia planetária de grandes meios de comunicação social. São contra a privatização do direito internacional. Os "brancosos" são, afinal, contra. Sob uma rede obsessivamente tecnológico--informática, descobrem-se pessoas reais preocupadas com os problemas dos humanos e da humanidade. José Saramago recuperou o fôlego. As empre-

---

[4] Danilo Zolo, *Globalizzazione. Una mappa dei problemi*, Laterza, 2004, p. 131.

sas multinacionais de tecnologias da informação e da comunicação (*Informations and Communications Tecnology*) continuarão, para bem de todos, com as revoluções informáticas. Assim o cremos.

6.
Regresso aos Códigos?

O moderador desta conversa facilitou-nos o trabalho de casa. Forneceu-nos a síntese de Manuel Castells sobre a *Sociedade em rede* e o *Poder da Identidade*. A metáfora dos "brancosos" – gostaríamos de revelar a outra inspiração do mote desta conversa – foi precipitada pela leitura destes livros. No fundo, os "brancosos" aparecem aqui como *profetas* e como *sujeitos de novos códigos*. Como profetas, porque não pretendem ser líderes carismáticos ou estrategas extremamente perspicazes, mas apenas dar o rosto (ou uma máscara) a uma sublevação simbólica[5]. Como sujeitos de novos códigos, porque se inserem também em campos povoados de movimentos sociais em que o principal agente é a forma de organização, bem como a intervenção descentralizada e inte-

---

[5] M. Castells, *O Poder da Identidade vol. II*, Fundação Gulbenkian, Lisboa, 2003, p. 442.

gradora em rede, característica de novos movimentos sociais[6]. Seja em redes electrónicas, seja em redes populares de resistência comunitária, a história da luta pelo poder da identidade não tem fim.

7.
Conclusão

A conclusão é, apenas, uma pista que temos tentado explorar sob o nome de *interconstitucionalidade*. Trata-se de saber se o constitucionalismo, sem abandonar as memórias, pode continuar a ter e ser história, neutralizando o perigo de ser definitivamente colocado no lugar da memória. Se assim é, perguntar-se-á: poderemos ou não conceber o constitucionalismo como um padrão de *interface* entre diferentes *campos de governance*, desde o nível local, ao nível global, passando, evidentemente, pelos níveis estaduais-nacionais e supra-nacionais? Por enquanto, os caminhos constitucionais ainda não confluiram numa única auto-estrada da boa governação.

---

[6] M. Castells, *O Poder da Identidade*, cit., p. 443.